JN014326

新版 はじめての インドネシア語

欧米・アジア語学センター

はじめに

　多民族国家のインドネシア共和国では、インドネシア語のほかにジャワ語、スンダ語、スマトラ語、バリ語など様々な言語がありますが、公用語として使用されているのはインドネシア語です。文法は複雑ではなく、様々な民族にとって習得しやすいようにと工夫されています。

　インドネシア語は、日本人にとって学びやすい言語の一つです。文字はアルファベットで表記され、発音は日本語と似ています。一部注意すべき点はありますが、大部分はローマ字読みすればOKです。文法では、例えば名詞には単数形・複数形や男性名詞・女性名詞の区別がなく、時制による動詞の変化もありません。また、同じ名詞を重ねて複数形を表すという、日本語と良く似た点も多いです。

　一方、日本語との相違点としては、まず語順の違いがあります。インドネシア語は、日本語のように述語が文の最後にくるのではなく、英語などのように主語の次にくることが多いです。また、名詞を修飾する言葉が、名詞の後にくるということも、日本語とは異なる部分です。その他、日本語にはあまりない受動態の表現が、インドネシア語には頻繁に登場することと、動詞は活用しないで、時制は副詞によって変わるなどという点も注意したい部分です。

　また、接辞語という特徴があります。一つの基本となる語（語根）の前（接頭辞）や後ろ（接尾辞）に接辞をつけると、基本語から派生した意味の違う別の言葉になります。これらの規則がわからないと辞書を引くこともできないので、しっかりと覚えなければなりません。

本書には日常会話や、交流・旅行・ビジネスですぐに使える表現・単語を多く入れてありますので、例文を丸暗記するだけでもインドネシア人との会話を自由に楽しめることでしょう。初めてインドネシア語を学ぶ方はもちろん、既にインドネシア語が話せて更に表現力を高めたい方にとっても十分に役に立てる本であると思います。

　それでは、本書を利用して楽しくインドネシア語を覚えましょう。

欧米・アジア語学センター

丹　マウラニ

音声データについて

　本書の2章、3章、4章の会話フレーズ、および「基本単語」（pp209〜247）を「日本語→インドネシア語」の順に収録しています。

① 【ASUKALA】アプリで再生
　右記にアクセスして明日香出版社の音声再生アプリ【ASUKALA】をインストールすると、ダウンロードした音声を再生できます。

②音声データ（mp3形式）をダウンロード
　パソコン、携帯端末でアクセスしてダウンロードできます。
　https://www.asuka-g.co.jp/dl/isbn978-4-7569-2332-5/

※本書は『CD BOOK はじめてのインドネシア語』（2004年発行）の音声、および「基本単語」を新たに録音した音声をダウンロードできるようにしたものです。
※音声の再生にはmp3ファイルを再生できる機器などが必要です。ご使用の機器、音声再生ソフトなどに関する技術的なご質問はメーカーにお願いいたします。音声ダウンロードサービスは予告なく終了することがあります。
※図書館ご利用者も音声をダウンロードしてご使用できます。
※本書の内容、音声に関するお問い合わせは弊社ホームページからお願いいたします。

● 目　次 ●

はじめに

3章　旅行で使えるフレーズ

4章　ビジネスで使えるフレーズ

インドネシア語の
文字と発音

インドネシア語はアルファベットで表記され、発音は一部の例外を除けば、ほとんどローマ字読みです。lとrの発音の区別など気を付けなければならない点もありますが、カタカナ読みとほぼ同じ発音で話すことができます。

下記の通り、母音、二重母音、子音、二重子音があります。

母　音

a　i　u　é　e　o
アー　イー　ウー　エー　ウー　オー

〈注意点〉

1　母音の「é」は、日本語の「エ」とだいたい同じ発音です。
　　以降、本書では便宜上、下記のように［´］を入れます。
　　（例）
　　　　soré　「夕方」　　péndék　「短い」
　　　　ソレ　　　　　　　ぺンデッ（ク）

2　母音の「e」は、日本語の「エ」と発音する時の唇の形で、「ウ」と発音します。
　　（例）
　　　　emas　「黄金」　　kertas　「紙」　　dekat　「近い」
　　　　ウマス　　　　　　クルタス　　　　　ドゥカッ（ト）

二重母音

ai　au
アイ　アウ

　　（例）
　　　　sungai　「川」　　pulau　「島」
　　　　すんガイ　　　　　プらウ

10

子　音

b c d f g h j k l m n
ベー　チェー　デー　エフ　ゲー　ハー　ジェー　カー　エる　エ(ム)　エ(ん)

p q r s t v w x y z
ペー　キー　エル　エス　テー　フェー　ウェー　エクス　イェー　ゼッ(ト)

〈注意点〉

1　子音の「c」は、日本語の「チェ」と同じ発音です。

(例)

> cepat　「早い」　　campur　「混ぜる」
> チュパッ(ト)　　　　　チャンプル

2　子音の「l」は、舌先を上歯茎につけて日本語の「ラ行」のように発音します。以降、本書では便宜上、ひらがなの「ら、り、る、れ、ろ」で表記します。

(例)

> lapar　「お腹がすいた」　　lihat　「見る」
> らパル　　　　　　　　　　りハッ(ト)

3　語末に子音の「n」がある時は、発音したあと舌先を上歯茎につけます。後記の「ng」と区別するため、本書では便宜上、ひらがなの「ん」で表記します。

(例)

> makan　「食べる」　　asin「塩辛い」
> マカん　　　　　　　　アシん

4　子音の「r」は、舌先を上歯茎に向かって震わせるふるえ音です。つまり、日本語の「ラ行」を発音する時に思い切り舌を巻きます。

(例)

> rusak　「壊れた」　　kamar　「部屋」
> ルサッ(ク)　　　　　　カマール

kh, ng, ny, sy

〈注意点〉

1 **kh**

息を吐き出しながら日本語の「ハ行」の発音をします。

（例）

khas 「独特の」　　akhir 「最後の」
ハス　　　　　　　　アヒール

2 **ng**

舌を宙ぶらりん状態で、日本語の鼻にかかった「ン」を発音します。

（例）

senang 「うれしい」　　berenang 「泳ぐ」
スナン　　　　　　　　　　ブルナン

3 **ny**

ローマ字の「ny」の発音です。

（例）

menyanyi 「歌う」　　penyakit 「病気」
ムニャニィ　　　　　　プニャキット

4 **sy**

ローマ字の「sy」の発音です。

（例）

bersyukur 「神に感謝する」　　musyawarah 「協議」
ブルシュクル　　　　　　　　　ムシャワラー

2章

日常生活で
使えるフレーズ

1. 出会いのあいさつ

① ハロー！　　　　　　**Halo !**
　　　　　　　　　　　ハろー

② おはようございます。　**Selamat pagi.**
　　　　　　　　　　　スらマッ(ト)　パギ

③ こんにちは。　　　　　**Selamat siang. / Selamat soré.**
　　　　　　　　　　　スらマッ(ト)　シアン　　スらマッ(ト)　ソレ

④ こんばんは。　　　　　**Selamat malam.**
　　　　　　　　　　　スらマッ(ト)　マら(ム)

⑤ お元気ですか？　　　　**Apa kabar ?**
　　　　　　　　　　　アパ　　カバール

⑥ 元気ですよ。あなたは？　**Kabar baik . Anda bagaimana ?**
　　　　　　　　　　　カバール　バイ(ク)　アンダ　バガイマナ

⑦ 相変わらずです。　　　**Biasa-biasa saja.**
　　　　　　　　　　　ビアサ　ビアサ　サジャ

⑧ 久しぶりですね。　　　**Sudah lama tidak bertemu ya.**
スダ　　らマ　　ティダッ(ク) ブルトゥム　　ヤ

⑨ 元気そうですね。　　　**Kelihatannya baik -baik ya.**
クリハタンニャ　　　　バイ(ク) バイ(ク) ヤ

★ 解 説 ★

① Halo：英語の "Hello"。親しい仲、同年齢・子供にもっとも一般的な挨拶。
　 インドネシア人は外国人に対してよく「ハロー」と挨拶する。目上の人、年配
　 の人などには②～④の挨拶が無難。

② selamat（＝good）：～おめでとう、pagi：朝

③ siang（正午から午後３時まで）、soré（午後３時から日没前まで）

④ malam：日没以後

⑤⑥ 決まり文句「kabar baik」の他に「baik-baik saja」；「sehat-sehat saja（健
　 康ですよ）」、anda（＝you）：あなた

⑦ biasa-biasa saja：普通、相変わらず、saja（＝just）

⑧ sudah lama：もう（既に）長い間、sudah：過去を表す言葉、tidak：動詞・形
　 容詞を否定する言葉、bertemu（語根：temu）：会う、tidak bertemu：会って
　 いない、"ya" は日本語の「ね」と同じニュアンス

⑨ kelihatannya：～ように見える、-nya：名詞の語尾に付け強調する時に使う

2. 別れのあいさつ

① さようなら。　　　　**Selamat jalan.**
　　　　　　　　　　　スらマッ(ト)　　ジゃらん
　　　　　　　　　　　Selamat tinggal.
　　　　　　　　　　　スらマッ(ト)　　ティンガる

② また会いましょう。　**Sampai jumpa lagi.**
　　　　　　　　　　　さンパイ　　　ジゅンパ　　らギ

③ また明日。　　　　　**Sampai bésok.**
　　　　　　　　　　　さンパイ　　　ベソッ(ク)
　またあとでね。　　　**Sampai nanti ya.**
　　　　　　　　　　　さンパイ　　　ナンティ　ヤ

④ お休みなさい。　　　**Selamat malam.**
　　　　　　　　　　　スらマッ(ト)　マら(ム)
　　　　　　　　　　　Selamat tidur.
　　　　　　　　　　　スらマッ(ト)ティドゥール

⑤ ゆっくりお休み下さい。**Selamat istirahat.**
　　　　　　　　　　　スらマッ(ト)　　イスティラハッ(ト)

⑥ お気を付けて。　　　**Hati-hati.**
　　　　　　　　　　　ハティ　ハティ

⑦ お体に気をつけて。　**Jaga keséhatan baik-baik.**
ジャガ　クセハたん　　　　バイ(ク)バイ(ク)

⑧ じゃあね…元気でね。　**Yuk, daah...Baik-baik ya.**
ユッ(ク) ダアー　　　バイ(ク)バイ(ク) ヤ

⑨ これで失礼させて頂き　**（Saya）permisi dulu.**
ます。　　　　　　　（サヤ）　プルミシ　　ドゥ

★ 解　説 ★

① **Selamat jalan**：見送りをする側の人が言う、**Selamat tinggal**：見送られる側の人が言う
② **sampai**：～まで、**jumpa**：会う、**lagi**（＝again）：また、再び
③ **bésok**：明日、　**nanti**：あとで
④ 夜、別れる時に「こんばんは」を使うのが普通ですが、家で身内には "**selamat tidur**" と言う（**tidur**：寝る）
⑤ 特に忙しい一日を終えたという意味で "**selamat istirahat**" と言う（**istirahat**：休む）
⑥ **hati-hati**：気を付ける、注意する
⑦ **jaga**：守る、気を付ける、**keséhatan**：健康（健康に気を付けての意味）
⑧ **Yuk daah**：じゃあね・・バイバイ、（**dag**＝オランダ語で bye の意味）親しい仲で別れる時や電話を切る時に言う
⑨ **permisi dulu**：先に失礼する

3. お礼

① ありがとうございます。　**Terima kasih.**
トゥリマ　カシ

② 本当にありがとうございます。　**Terima kasih banyak.**
トゥリマ　カシ　バニャッ(ク)

③ ご招待ありがとうございます。　**Terima kasih atas undangan**
トゥリマ　カシ　アタス　ウンダんガん
anda.
アんダ

④ お世話になりました。　**Terima kasih atas bantuan**
トゥリマ　カシ　アタス　バんトゥアん
anda.
アんダ

⑤ ご親切にありがとうございます。　**Terima kasih atas kebaikan**
トゥリマ　カシ　アタス　クバイカん
anda.
アんダ

⑥ ご協力ありがとうございました。　**Terima kasih atas kerjasama**
トゥリマ　カシ　アタス　クルジャサマ
anda.
アんダ

⑦ どういたしまして。　　**Terima kasih kembali.**
　　　　　　　　　　　　　トゥリマ　　　カシ　　　クンバリ

⑧ こちらこそ。　　　　　**Sama-sama.**
　　　　　　　　　　　　　サマ　　　　サマ

（ミニ知識）

　インドネシアでは、握手するときにいくつかのやり方があります。次の三つはよく見られるやり方です。(1) 両手を伸ばして相手の手を包むやり方、(2) 両手を合わせて胸の方まで持って伸ばすときに指先を相手の手に触れるやり方、(3) 一般的な片手での握手があります。

　一番目と三番目のやり方では、握手した後に手の平を胸に軽く当ててから下ろします。二番目のやり方は、両手を合わせたまま親指を自分の鼻に軽く当ててから下ろします。特にこのやり方は西ジャワの人々の間でよく見られます。

★　解　説　★

② banyak（＝very much）：たくさん
③ atas（＝for）, undangan（語根：undang）：招待状、招待すること
④ bantuan（語根：bantu）：手伝い、援助、世話になる
⑤ kebaikan（語根：baik）：善行、親切さ
⑥ kerjasama：協力
⑦⑧ 決まり文句

4. お わ び

① ごめんなさい
（どうもすみません）。
Maafkan saya.
マアフカん　　サヤ

② お手数をおかけしました。
Maaf, sudah merépotkan.
マアフ、　スダ　　ムレポトかん

③ 申し訳ありません。
Maaf sekali.
マアフ　スカリ

④ 恐れ入ります。
（恐縮です。）
Maaf.
マアフ

⑤ 失礼しました。
Maaf.
マアフ

⑥ いいんですよ。
Tidak apa-apa.
ティダッ(ク)　アパ アパ

⑦ お待たせしてすみません。
Maaf membuat anda menunggu.
マアフ　ムんブア(ト)　　アんダ　ムヌング

⑧ ご迷惑をかけてすみ
ません。

Maaf, sudah menyusahkan anda.
マアフ　　スダ　　　ムニュサカん　　　　　　あンダ

⑨ 遅れてすみません。

Maaf, terlambat.
マアフ　　トゥルらんバッ(ト)

（ミニ知識）

　インドネシアでは、人前でくしゃみ、咳をしたり、人と肩がぶつかった時などにも「Maaf」と言います。「permisi」（失礼します）は、人の前を通ったり、「誰かいませんか」と呼びかけたり、話しかけたりする時の日本語の「すみません」にあたる言葉です。

★　解説　★

① maafkan（語根：maaf）（＝forgive）：許す
② maaf（＝sorry）, merépotkan（語根：repot）：お手数をかける
③ sekali：本当に
④⑤⑥ 決まり文句
⑦ membuat anda menunggu：あなたを待たせる
⑧ menyusahkan（語根：susah）：困らす、迷惑する、困難にする
⑨ terlambat：遅れる

5. お 祝 い

① おめでとう！　　　**Selamat !**
　　　　　　　　　　スらマッ(ト)

② お誕生日おめでとう。　**Selamat ulang tahun.**
　　　　　　　　　　　スらマッ(ト)　ウらン　タウン

③ ご婚約おめでとう。　**Selamat atas pertunangan anda.**
　　　　　　　　　　スらマッ(ト)　アタス　プルトゥナンがン　アンダ

④ ご結婚おめでとう。　**Selamat atas pernikahan anda.**
　　　　　　　　　　スらマッ(ト)　アタス　プルニカはン　アンダ

⑤ どうぞお幸せに。　**Semoga berbahagia.**
　　　　　　　　　スモガ　　　　ブルバハギア

⑥ 新しい門出にお慶び申　**Selamat Menempuh Hidup Baru.**
　し上げます。　　　　スらマッ(ト)　ムヌンプ　ヒドゥッ(プ)バル

⑦ ご出産おめでとう。　**Selamat　atas　kelahiran　bayi**
　　　　　　　　　　スらマッ(ト)　アタス　クらヒらん　バイ
　　　　　　　　　　anda.
　　　　　　　　　　アンダ

22

⑧ 新年おめでとう。　　**Selamat Tahun Baru.**
スらマッ(ト)　タウン　バル

⑨ メリークリスマス。　　**Selamat Hari Natal.**
スらマッ(ト)　ハリ　ナタる

⑩ ハリラヤおめでとう。　**Selamat Hari Raya.**
スらマッ(ト)　ハリ　ラヤ

★　解　説　★

② ulang tahun：誕生日（ulang：繰り返す、tahun：年）
③ atas（＝for）、pertunangan（語根：tunang）：婚約
④ pernikahan（語根：nikah）：結婚
⑤ berbahagia（語根：bahagia）：幸せな、幸福な
⑥ 新婚カップルへのお祝いのカードに書く決まり文句
⑦ kelahiran（語根：lahir）：出生、誕生、bayi：赤ちゃん
③〜⑦は会話でも使うがお祝いのカードにもよく書く言葉
⑧⑨⑩ 決まり文句。**Hari Raya**：イスラム教の断食明け祭日

6. 初対面のとき

① はじめまして。　　　　**Kenalkan.**
　　　　　　　　　　　　クナるかん

　私は鈴木一郎と言いま **Nama saya Ichiro Suzuki.**
　す。　　　　　　　　　ナマ　　　サヤ　　イチロ　　スズキ

② 私は日本から来ました。**Saya datang dari Jepang.**
　　　　　　　　　　　　サヤ　　　ダタン　　ダリ　　ジュパン

③ 私は学生です。　　　　**Saya pelajar.**
　　　　　　　　　　　　サヤ　　　ぷらジャール

　私は○○として仕事を **Saya bekerja sebagai ○○.**
　しています。　　　　　サヤ　　　ブクルジャ　スバガイ

④ どうぞよろしくお願い **Saya senang bisa berkenalan**
　します。　　　　　　　サヤ　　　スナン　　　ビサ　　ブルクナらん

　　　　　　　　　　　　dengan anda.
　　　　　　　　　　　　ドゥんがん　アンダ

⑤ インドネシアには初め **Saya baru pertama kali datang**
　て来ました。　　　　　サヤ　　　バル　　プルタマ　　カリ　　ダタン

　　　　　　　　　　　　ke Indonésia.
　　　　　　　　　　　　ク　インドネシア

⑥ ようこそ。

Selamat datang.
スらマッ(ト)　ダタン

⑦ インドネシアに来て良かったです。

Saya senang sekali datang ke Indonésia.
サヤ　スナン　スカリ　ダタン　ク
イんドネシア

⑧ ヘンダルワンさんですか？

Apakah anda Bapak Hendarwan ?
アパカ　あんダ　ババッ(ク)　ヘンダルワん

⑨ はい、そうです。

Ya, betul.
ヤ　ブトゥる

いいえ、違います。

Bukan.
ブかん

ルスディです。

Saya Rusdi.
サヤ　ルスディ

　インドネシアの結婚式は、朝は結婚式で、夜は披露宴というやり方が一般的ですが、家柄、地域によっては伝統的な結婚式をあげる人がまだ多いです。伝統の結婚式はとても華やかで、伝統の背景によって儀式も様々です。式はだいたい花嫁の家で身内だけで行うのに対し、披露宴は少なくとも500人ぐらい収容できる結婚式場かホテルを借りて、立食ブッフェスタイルで行うのが一般的です。

　贈り物は家電製品、インテリアー小物、実用的なものが多いですが、お金をプレゼントする人もいます。招待状は特に人数を限定せず、出欠の返事も不要です。結婚はたくさんの人に祝福してもらいたいので友達・子供を連れてきてもかまいませんという考え方のようです。

★ 解 説 ★

①〜④は自己紹介に使える表現。インドネシア人同士の間では初めて会う時に④をあまり言わない。外国人に対しては言う時もある。

① kenalkan：決まり文句（紹介するという意味）、nama saya：私の名前

② datang dari ～：～から来ました、Jepang：日本

③ pelajar：学生、sebagai：～として、bekerja：仕事する、働く

④ senang：うれしい、良かった、bisa berkenalan dengan：～と知り合える（お会いできる）

⑤ baru：やっと、pertama kali：初めて、一回目、datang：来る、ke：場所を表す前置詞

⑥ 決まり文句

⑦ senang sekali：とてもうれしい、良かった

⑧ apakah：疑問文を表す、Bapak（＝Mr.）：目上、成年男性への呼びかけ

⑨ betul：正しい、本当、そう、bukan：違う

7. はい、いいえ

① はい。　　　　　　　**Ya.**
　　　　　　　　　　　　ヤ
　　いいえ。　　　　　**Tidak.**
　　　　　　　　　　　　ティダッ(ク)

〈物の有無〉

② あります。　　　　　**Ada.**
　　　　　　　　　　　　アダ
　　ありません。　　　**Tidak ada.**
　　　　　　　　　　　　ティダッ(ク) アダ

〈人の有無〉

③ います。　　　　　　**Ada.**
　　　　　　　　　　　　アダ
　　いません。　　　　**Tidak ada.**
　　　　　　　　　　　　ティダッ(ク) アダ

〈動詞の肯定・否定〉

④ はい、わかりました。 **Ya, saya（sudah）mengerti.**
　　　　　　　　　　　　ヤ　サヤ　（スダ）　ムんグルティ
　　わかりません。　　 **Saya tidak mengerti.**
　　　　　　　　　　　　サヤ　　ティダッ(ク)ムんグルティ

⑤ はい、わかります。　　**Ya, saya mengerti.**
　　　　　　　　　　　　ヤ　　サヤ　　　ムんグルティ

　　わかりません。　　　**Saya tidak mengerti.**
　　　　　　　　　　　　サヤ　　　ティダッ(ク)ムんグルティ

⑥ 知っています。　　　　**Saya tahu.**
　　　　　　　　　　　　サヤ　　　タウ

　　　　　　　　　　　　Saya kenal.
　　　　　　　　　　　　サヤ　　　クナる

　　知りません。　　　　**Tidak tahu.**
　　　　　　　　　　　　ティダッ(ク)　タウ

　　　　　　　　　　　　Saya tidak　kenal.
　　　　　　　　　　　　サヤ　　　ティダッ(ク)　クナる

⑦ できます。　　　　　　**Bisa.**
　　　　　　　　　　　　ビサ

　　できません。　　　　**Tidak bisa.**
　　　　　　　　　　　　ティダッ(ク)　ビサ

⑧ 行きます。　　　　　　**(Saya)pergi.**
　　　　　　　　　　　　(サヤ)　　プルギ

　　行きません。　　　　**(Saya)tidak　pergi.**
　　　　　　　　　　　　(サヤ)　　　ティダッ(ク)　プルギ

⑨ 要ります。　　　　　　**Ya, saya perlu.**
　　　　　　　　　　　　ヤ　　サヤ　　　プルる

　　要りません。　　　　**Tidak perlu.**
　　　　　　　　　　　　ティダッ(ク)　プルる

〈形容詞の肯定・否定〉

⑩　うれしいです。　　　　**Senang.**
スナン

　　うれしくないです。　　**Tidak senang.**
ティダッ(ク)　スナン

⑪　速いです。　　　　　　**Cepat.**
チュパッ(ト)

　　速くないです。　　　　**Tidak cepat.**
ティダッ(ク)　チュパット

〈名詞の肯定・否定〉

⑫　これは鉛筆です。　　　**Ini pénsil.**
イニ　ぺんシる

⑬　これは鉛筆ではありま **Ini bukan pénsil.**
　　せん。　　　　　　　　イニ　ブかん　　ぺんシる

★　解　説　★

「**tidak**」は動詞と形容詞を否定する言葉、「**bukan**」は名詞を否定する言葉。

④（sudah）mengerti：（もう）わかりました

⑥ tahu：知る、わかる、kenal：人について知る

⑦ bisa：できる、可能

⑧ pergi：行く

⑨ perlu：要る

⑩ senang：うれしい

⑪ cepat：速い

⑫ pénsil：鉛筆

8. 何、なぜ

〈何〉

① 何ですか？

Apa ?
アパ

② これは何ですか？

Ini apa ?
イニ　アパ

③ 何でもない。

Tidak ada apa-apa.
ティダッ(ク)　アダ　アパ　アパ

④ どうしたのですか？

Kenapa ?
クナパ

　何があったのですか？

Ada apa ?
アダ　アパ

⑤ 大丈夫です。

Tidak apa-apa.
ティダッ(ク)　アパ　アパ

　問題ないです。

Tidak ada masalah.
ティダッ(ク)　アダ　マサら

〈なぜ〉

⑥ なぜですか？

Kenapa ?
クナパ

⑦ なぜだめなのですか？

Kenapa tidak boléh ?
クナパ　　　ティダッ(ク)　ボれ

⑧　なぜ遅れたのですか？　**Kenapa terlambat？**
　　　　　　　　　　　　クナパ　　　　トゥルらンバッ(ト)

　　（道が渋滞していたか　（**Karena jalan macet.**）
　　ら。）　　　　　　　　（カルナ　　　ジャらン　マチュッ(ト)）

⑨　なぜそんなに高いので　**Kenapa begitu mahal？**
　　すか？　　　　　　　　クナパ　　　ブギトゥ　　マハる

　　（これは本物の日本製　（**Karena ini asli buatan Jepang.**）
　　ですから。）　　　　　（カルナ　　　イニ　アスリ　ブアタン　　ジュパン）

★　解　説　★

「なぜ：kenapa, mengapa」に対して「～だから、～なので：karena, sebab」で
答える。
⑤ **tidak apa-apa**：いいんですよ、大丈夫、**masalah**：問題
⑥ **kenapa**：なぜ、どうして
⑦ **kenapa tidak ＋ 動詞**：なぜ～しないのですか、**tidak boléh**：だめ、いけない
⑧ **terlambat**：遅れる、**jalan**：道路、道、**macet**：混んでいる、渋滞した
⑨ **kenapa begitu ＋ 形容詞**：なぜそんなに～のですか、**mahal**：高い、**asli**：本物、
　現物であること、**buatan**：製品、製作、作り物、～製

9. 時刻・時間の言い方

① 今、何時ですか？ **Sekarang jam berapa ?**
スカラン　　　ジャ(ム) ブラパ

② 今は3時です。 **Sekarang jam tiga.**
スカラン　　　ジャ(ム) ティガ

　ちょうど3時です。 **Tepat jam tiga.**
トゥパッ(ト) ジャ(ム) ティガ

③ 何時に会いますか？ **Jam berapa kita bertemu ?**
ジャ(ム) ブラパ　　キタ　　ブルトゥム

④ 夕方の5時30分に会い **Mari kita bertemu jam setengah**
ましょう。 マリ　　キタ　　ブルトゥム　　ジャ(ム) ストゥンガ
enam soré.
ウナ(ム)　ソレ

⑤ 今朝何時に起きました **Tadi pagi bangun jam berapa ?**
か？ タディ　バギ　ばんグん　　ジャ(ム) ブラパ

⑥ 8時前です。 **Sebelum jam delapan.**
スブる(ム)　　　ジャ(ム) ドゥらぱん

⑦ もうすぐお昼時間です。 **Sebentar lagi jam makan siang.**
スブンタル　　らギ　ジャ(ム) マかん　　シアン

⑧ お迎えは何時ですか？ **Jam berapa akan menjemput ?**
ジャ(ム) ブラパ　　アかン　　むんジュんプッ(ト)

⑨ 到着予定は何時です **Jam berapa rencana tiba ?**
か？
ジャ(ム) ブラパ　　るんチャナ　　ティバ

⑩ 出発時間は2時間延長 **Keberangkatan diperpanjang dua**
されます。
クブランカタン　　　　ディプルパんジャん　　ドゥァ

jam.
ジャ(ム)

★ 解 説 ★

① sekarang：今、jam：(～時、時間を言う時に使われる言葉)、jam berapa：何
時 (同じ意味の pukul berapa が使われる場合もある)

③ kita：私たち、bertemu (語根：temu)：会う

④ setengah (＝half)：半分、setengah enam：5時半

⑤ tadi pagi：今朝、bangun：起きる

⑥ sebelum ～：～前

⑦ sebentar lagi：もうすぐ、まもなく、makan siang：昼食

⑧ akan (＝will), menjemput (語根：jemput)：迎えに行く

⑨ rencana：予定、tiba：着く、到着

⑩ keberangkatan (語根：berangkat)：出発、diperpanjang (語根：panjang)：
延長される

10. 日付・曜日の言い方

① 今日は何曜日ですか？　**Hari ini hari apa ?**
ハリ　　イニ　ハリ　　アパ

② 火曜日です。　　　　**Hari Selasa.**
ハリ　　スらサ

③ 今日は何日ですか？　**Hari ini tanggal berapa ?**
ハリ　　イニ　タンガる　　ブラパ

④ 1月20日です。　　**Tanggal duapuluh Januari.**
タンガる　　　ドゥアプる　　　ジャヌアリ

⑤ 日曜日は学校が休みです。　**Hari Minggu sekolah libur.**
ハリ　　　ミング　　スコら　　　リブ(ル)

⑥ 初めてバリ島に行ったのはいつですか？　**Kapan anda pertama kali pergi**
カパん　　アんダ　プるタマ　　カリ　プルギ
ke Bali ?
ク　　バリ

⑦ 2000年8月ごろでした。 **Sekitar bulan Agustus tahun dua**
スキタル　　プらん　　アグストゥス　タウん　　ドゥア

ribu.
リブ

⑧ 来週帰ります。 **Minggu depan saya pulang.**
ミング　　　ドゥパん　　サヤ　　プらン

⑨ ご出発は明日ですか？ **Anda berangkat besok ?**
アンダ　　ブランカッ(ト)　　ベソッ(ク)

★ 解 説 ★

① hari ini：今日、hari（曜日）＋ apa（何）＝ hari apa（何曜日）

③ tanggal（日〔＝date〕）＋ berapa（いくら、いくつ）＝ tanggal berapa（何日）

⑤ hari Minggu：日曜日、sekolah：学校、libur：休み、休暇

⑥ kapan：いつ

⑦ sekitar：あたり、頃、bulan Agustus：8月、tahun dua ribu：2000年

⑧ minggu depan：来週

11. 単位・程度の言い方

〈距離〉

① ここからの距離は2キロです。

Dari sini jaraknya dua kilométer.
ダリ　シニ　ジャラッ(ク)ニャ　ドゥア　キロメートゥル

② 毎朝、3キロ歩いています。

Saya setiap pagi jalan kaki tiga
サヤ　スティア(プ)パギ　じゃらん　カキ　ティガ
kilométer.
キロメートゥル

〈重さ〉

③ このトランクは25キロで、重いですね。

Koper ini duapuluh lima kilo,
コプル　イニ　ドゥアプる　リマ　キロ
berat ya.
ブラッ(ト)ヤ

④ みかんを800グラム下さい。

Tolong minta jeruk delapan
トロン　ミンタ　ジュルッ(ク)　ドゥらぱん
ratus gram.
ラトゥス　グラ(ム)

〈容量〉

⑤ ガソリンは1リットルいくらですか?

Berapa harga satu liter bénsin?
ブラパ　ハルガ　サトゥ　リットゥル　べんしん

⑥ 500cc の牛乳パックを 売っていますか？

Apakah jual susu kotak lima
アパカ　　　ジュアる　スス　　コタッ(ク)　リマ

ratus cc ?
ラトゥス　セセ

〈広さ・面積〉

⑦ あなたの家は大きいで すね。

Rumah anda besar ya.
ルマ　　　アンダ　ブサール　ヤ

⑧ 面積は約200平方メー トルあります。

Luasnya kira-kira dua ratus
るアスニャ　　キラ　キラ　　ドゥア　ラトォス

méter persegi.
メートゥル　プルスギ

★　解　説　★

① dari sini：ここから、jaraknya：〜の距離
② setiap pagi：毎朝、jalan kaki：歩く、散歩する
③ koper：トランク、berat：重い、重さ
④ tolong minta：〜を下さい、jeruk：みかん
⑤ harga：値段、bénsin：ガソリン
⑥ kotak：箱、パック
⑦ rumah：家、住宅、besar：大きい
⑧ luasnya：〜の面積、〜の広さ、méter persegi：m² （平方メートル）

12. 気温・体温・電話番号の言い方

① 今日の気温は何度ですか？

Suhu udara hari ini berapa derajat ?
スフ　ウダラ　ハリ　イニ　ブラパ　ドゥラジャッ(ト)

② 熱があります。

Saya panas.
サヤ　パナス

体温は39度あります。

Suhu badan tigapuluh sembilan derajat (Celcius).
スフ　バダん　ティガプる　すんビらん　ドゥラジャッ(ト)　(せるシウス)

③ あなたの電話番号を教えて下さい。

Tolong kasih tahu nomor télépon anda.
トろン　カシ　タウ　ノモル　てれポん　アんダ

④ 021の753821です。

Nol dua satu, tujuh lima tiga delapan dua satu.
ノる　ドゥア　サトゥ　トゥジュ　リマ　ティガ　ドゥらパん　ドゥア　サトゥ

★　解　説　★

① **suhu udara**：気温、**derajat**：度
② **panas**：熱い、暑い、**suhu badan**：体温
③ **kasih**：与える、**tahu**：知る、**kasih tahu**：知らせる、教えてあげる、**nomor**：番号、**télépon**：電話〔口語でも「電話する」という意味〕

13. 位置・方向の言い方

① あそこをまっすぐ歩け　**Jalan saja lurus ke sana.**
　ばいいです。　　　　　ジャらん　サジャ　るル(ス)　ク　　サナ

② 右へ曲がって下さい。　**Tolong bélok ke kanan.**
　　　　　　　　　　　　トろン　　　べろッ(ク)　ク　　カなん

　左へ曲がって下さい。　**Tolong bélok ke kiri.**
　　　　　　　　　　　　トろン　　　べろッ(ク)　ク　　キり

③ 北はどちらですか？　　**Yang mana Utara ?**
　　　　　　　　　　　　ヤン　　　マナ　　　　ウタラ

④ レストランはホテルの　**Réstoran ada di hadapan hotél.**
　向かい側にあります。　レストらん　　　アダ　ディ　ハダパん　　　　ホテる

⑤ 後ろを見て下さい。　　**Tolong lihat   ke belakang.**
　　　　　　　　　　　　トろン　　　　リハッ(ト)　ク　　ブらカン

★ 解 説 ★

① jalan：歩く、lurus：まっすぐ、ke sana：あそこを、あそこへ

② bélok ke：～へ曲がる、kanan（kiri）：右（左）

③ yang mana：どちら、utara：北

④ di hadapan：向かい側に

⑤ lihat：見る、ke belakang：後ろを、後ろへ

14. たずねる (1)
人・物・場所

〈人について〉

① あれは誰ですか？

Itu siapa ?
イトゥ シアパ

② 私の大学の先生です。

Dosén universitas saya.
ドせん　　ウニフルシタ(ス)　　サヤ

③ あの人は誰か、知って
いますか？

Anda kenal siapa orang itu ?
アんダ　　クナる　　シアパ　　オラン　　イトゥ

④ いいえ、知りません。

Tidak, saya tidak kenal.
ティダッ(ク)　　サヤ　　ティダッ(ク) クナる

〈物・場所について〉

⑤ これは何ですか？

Ini apa ?
イニ　アパ

⑥ これは何というもので
すか？

Ini apa namanya ?
イニ・アパ　ナマニャ

⑦　トイレはどこですか？　**Dimana kamar kecil ?**
ディマナ　　カマール　クチる

⑧　この辺に美容院はあり　**Apakah ada salon kecantikan**
　　ますか？　　　　　　アパカ　　アダ　サろん　クチャんティかん

　　　　　　　　　　　　di sekitar sini ?
　　　　　　　　　　　　ディ スキタル　シニ

⑨　あそこです。　　　　**Di situ.**
　　　　　　　　　　　　ディ シトゥ

　　　　　　　　　　　　Di sana.
　　　　　　　　　　　　ディ サナ

★ 解 説 ★

① itu：それ、あれ、siapa：誰、どなた
② dosén universitas：大学の先生
③ orang itu：その/あの人
⑦ kamar：部屋、kecil：小さい、kamar kecil：お手洗い、化粧室、トイレ
⑧ di sekitar sini：この辺に、salon kecantikan（語根：cantik＝美しい）：美容室、
　美容院

15. たずねる (2)

物の有無・所有

① お金はありますか？ **Ada uang ?**
アダ　ウアン

Punya uang ?
プニャ　　ウアン

② 少しはあります。 **Ada sedikit.**
アダ　スディキッ(ト)

ありません。 **Tidak ada.**
ティダッ(ク) アダ

③ 電池はありますか？ **Ada bateré ?**
アダ　バトゥレ

電池を売っていますか？ **Jual bateré ?**
ジュアる バトゥレ

④ 地図を持っています **Punya péta ?**
か？ プニャ　　ペタ

⑤ 持っています。 **Punya.**
プニャ

持っていません。 **Tidak punya.**
ティダッ(ク) プニャ

42

⑥ 身分証明書はあります
か？

Punya kartu pengenal diri ?
プニャ　　　カルトゥ　プんグナる　　ディリ

⑦ 時間ありますか？

Apakah ada waktu ?
アパカ　　　　アダ　　ワッ(ク)トゥ

⑧ ごめんなさい、時間が
なくて急いでいます。

Maaf, saya tidak ada waktu
マアフ　　　サヤ　　ティダッ(ク)　アダ　　ワッ(ク)トゥ

dan tergesa-gesa.
ダん　　トゥルグサ　　グサ

★　解　説　★

① ada：ある、punya：持つ、所有する、uang：お金
② sedikit：少し
③ jual：売る、bateré：電池
④ peta：地図
⑥ kartu：カード、〜書、〜券、pengenal diri：身分証明
⑦ waktu：時、時間、暇、機会

16. たずねる (3)
値段・所要時間・料金

〈値段〉

① 値段はいくらですか？ **Berapa harganya ?**
ブラパ　　　　　ハルガニャ

② この服はいくらですか？ **Baju ini berapa ?**
バジュ　イニ　ブラパ

③ 免税でいくらですか？ **Berapa harganya bébas pajak ?**
ブラパ　　　　　ハルガニャ　　　　ベバ(ス)　パジャッ(ク)

④ 一個はいくらですか？ **Satu berapa harganya ?**
サトゥ　ブラパ　　　　ハルガニャ

⑤ 全部でいくらですか？ **Berapa semuanya ?**
ブラパ　　　スムアニャ

〈所要時間〉

⑥ 時間はどのくらいかかりますか？ **Makan waktu berapa lama ?**
マかン　　ワッ(ク)トゥ　ブラパ　　らマ

⑦ タクシーで約30分です。 **Kira-kira tigapuluh menit naik**
キラ　キラ　　ティガプる　　ムニッ(ト)　ナイ(ク)

taksi.
タ(ク)シ

〈料金〉

⑧ 博物館の入場料はいく **Berapa ongkos masuk ke**
らですか？　　　　　　ブラパ　　　オンコ(ス)　　マスッ(ク)　　ク

musium ?
ムシウ(ム)

⑨ この絵の展覧会は無料 **Paméran lukisan ini gratis.**
です。　　　　　　　　パメらん　　　るキさん　　イニ　グラティ(ス)

★ 解 説 ★

① berapa：いくら、いくつ、harganya：～の値段

② baju ini：この服、この洋服

③ bébas：フリー、自由な、pajak：税、税金

⑤ semuanya：全部の、全ての

⑥ makan waktu：時間がかかる、berapa lama：(時間的に) どのぐらい長く

⑦ naik taksi：タクシーで、タクシーに乗る

⑧ musium：博物館、ongkos masuk：入場料

⑨ lukisan/gambar：絵画、絵、paméran：展覧会、展示会、gratis　(tanpa bayar, cuma-cuma)：無料、ただ

17. たずねる (4)

家族・個人的なこと

① 失礼ですが、お名前は？

Maaf, siapa nama anda ?
マアフ　シアパ　ナマ　アンダ

② 失礼ですが、お国はどちらですか？

Maaf, dari negara mana ?
マアフ　　ダリ　ヌガラ　　マナ

③ 私は○○から来ました。

Saya dari ○○.
サヤ　　ダリ

Saya datang dari ○○.
サヤ　　ダタン　　ダリ

④ あなたの趣味は何ですか？

Hobi anda apa?
ホビ　アンダ　アパ

⑤ カラオケと読書です。

Karaoké dan membaca buku.
カラオケ　　だん　ムンバチャ　　ブク

⑥ 失礼ですが、結婚していますか？

Maaf, apakah anda sudah
マアフ　　アパカ　　アンダ　スダ
menikah ?
ムニカ

⑦ はい、結婚しています。

Ya, saya sudah menikah.
ヤ　サヤ　スダ　ムニカ

まだ結婚していません。

Belum menikah.
ブる(ム)　ムニカ

⑧ お子さんはいますか？

Sudah punya anak ?
スダ　　プニャ　　アナッ(ク)

⑨ はい、子供は3人います。

Ya, anak　saya tiga orang.
ヤ　アナッ(ク)　サヤ　ティガ　オラン

⑩ 失礼ですが、おいくつですか？

Maaf, berapa umurnya ?
マアフ　ブラパ　ウムルニャ

⑪ 25歳です。

Duapuluh lima tahun.
ドゥアブる　リマ　タウン

⑫ 恋人はいますか？　　**Sudah punya pacar ?**
　　　　　　　　　　　　スダ　　　プニャ　　　パチャ(ル)

　　　　　　　　　　Sudah ada pacar ?
　　　　　　　　　　スダ　　　アダ　　パチャ(ル)

⑬ はい、います。　　**Ya, ada.**
　　　　　　　　　　ヤ　　アダ

　　まだいません。　　**Belum punya.**
　　　　　　　　　　ブる(ム)　　プニャ

★　解　説　★

特に、初めて知り合った人に個人的なことを尋ねる時に決まり文句の「Maaf」
をよく使う。

② **negara**：国

④ **hobi**：趣味

⑤ **membaca**（語根：**baca**）：読む、**buku**：本

⑥ **sudah**：もう、既に、**menikah**（語根：**nikah**）：結婚している

⑦ **belum**：まだ〜しない

⑧ **anak**：子、子供

⑩ **umur**：年齢、歳

⑫ **pacar**：恋人、彼氏、彼女

18. たずねる (5)

好き嫌い

① これは好きですか？ **（Apakah）anda suka ini ?**
（アパカ）　　　　アンダ　スカ　イニ

② どれが好きですか？ **Suka yang mana ?**
スカ　　　ヤン　　マナ

③ あなたはどんな食べ物が好きですか？ **Anda suka makanan apa ?**
アンダ　スカ　　マカナん　　　アパ

④ 甘いものが好きです。 **Saya senang makanan manis.**
サヤ　　スナン　　　マカナん　　マニ(ス)

⑤ 辛い料理はあまり好きではありません。 **Saya kurang suka masakan**
サヤ　　　クラン　　　スカ　　マサかん
pedas.
プダ(ス)

⑥ ビールが大好きです。 **Saya paling suka bir.**
サヤ　　　パリン　　スカ　　ビ(ル)

★ 解 説 ★

① **suka**：好き、好む、〜するのが好きだ
② **yang mana**：どれ、どちら
③ **makanan**：食べ物
④ **senang**：好む、〜を楽しむ、**makanan manis**：甘いもの
⑤ **kurang**：（あまり）〜でない、**masakan**：料理、**pedas**：辛い
⑥ **paling**：（最上級を表す）最も、第一番の、**bir**：ビール

19. たずねる (6)

仕事

① 失礼ですが、お仕事は何ですか？
Maaf, apa pekerjaan anda ?
マアフ　アパ　プクルジャあん　あんダ

② 私は会社員です。
Saya pegawai kantor.
サヤ　プガワイ　カントール

③ 私は小学校の教師です。
Saya guru SD.
サヤ　グル　エスデ

④ 失礼ですが、お勤めはどちらですか？
Maaf, dimana anda bekerja ?
マアフ　ディマナ　あんダ　ブクルジャ

⑤ 私は秘書として○○会社で働いています。
Saya bekerja sebagai sékretaris
サヤ　ブクルジャ　スバガイ　セクルタリ(ス)
di perusahaan ○○.
ディ　プルサハあん

⑥ お仕事は忙しいですか？
Apakah pekerjaan anda sibuk ?
アパカ　プクルジャあん　あんダ　シブッ(ク)

⑦　とても忙しいです。　　**Sibuk sekali.**
シブッ(ク)　スカリ

あまり忙しくないです。**Tidak terlalu sibuk.**
ティダッ(ク)　トゥルらる　シブッ(ク)

★　解　説　★

① pekerjaan：職業、仕事
② pegawai：職員、従業員、kantor：事務所、会社、勤め先、pegawai kantor：
　会社員
③ guru：先生、教員、SD（Sekolah Dasar＝elementary school）：小学校
⑤ bekerja sebagai：〜として働いている、sékretaris：秘書、perusahaan：会社、
　企業
⑥ sibuk：忙しい
⑦ tidak terlalu：あまり〜でない

20. 天気について

① 今日はいい天気ですね。**Cuaca hari ini bagus ya.**
チュアチャ ハリ イニ バグ(ス) ヤ

② 曇りですね。 **Mendung ya.**
ムンドゥン ヤ

③ 暑いですね。 **Panas ya.**
パナ(ス) ヤ

④ ちょっと寒いですね。 **Agak dingin ya.**
アガッ(ク) ディンギん ヤ

⑤ 今日の夜は雨が降るか **Malam ini mungkin akan turun**
もしれません。 マら(ム) イニ ムンきん アかん トゥるん
hujan.
フジゃん

⑥ ここは涼しいですよね。**Disini sejuk ya.**
ティシニ スジュッ(ク) ヤ

⑦ 明日は晴れるといいで **Mudah-mudahan bésok cerah ya.**
すね。 ムダ ムダはん ベソッ(ク) チュラ ヤ

⑧　風が強いですね。

Anginnya keras ya.
あんぎんニャ　　クラ(ス)　ヤ

⑨　日本は今、何の季節
　　ですか？

Di Jepang sekarang musim apa ?
ディ　ジュパン　　スカラン　　　ムシ(ム)　アパ

⑩　インドネシアは今、
　　乾季です。

Di Indonésia sekarang musim
ディ　インドネシア　　　スカラン　　　　ムシ(ム)

kering.
クリン

★　解説　★

① cuaca：天気、天候、bagus：良い
② mendung：曇り
③ panas：暑い
④ agak：ちょっと、dingin：寒い
⑤ mungkin：たぶん、おそらく、akan（＝will）, turun：降る、hujan：雨
⑥ sejuk：涼しい
⑦ mudah-mudahan：～であることを願う、cerah：晴れる
⑧ angin：風、keras：(風が) 強い
⑨ musim：季節
⑩ musim kering：乾季

21. 依頼する

① タクシーを呼んで下さい。

Tolong panggilkan taksi.
トロン　　　　ぱんぎるかん　　　タ(ク)シ

② ホテル○○までお願いします。

Tolong antarkan sampai ke
トロン　　　アンタルカン　　さんパイ　　ク

hotél ○○.
ホテる

③ この住所へ行って下さい。

Tolong pergi ke alamat ini.
トロン　　　プルギ　ク　アらマッ(ト) イニ

④ もう一度お願いします。

Tolong ulangi sekali lagi.
トロン　　　ウらんギ　スカリ　　らギ

⑤ もう一度言って下さい。

Tolong katakan sekali lagi.
トロン　　　カタかん　　スカリ　　らギ

⑥ ゆっくり話して下さい。

Tolong bicara pelan-pelan.
トロン　　　ビチャラ　プらん　　プらん

54

⑦ このフィルムの現像を
お願いします。
Tolong cucikan film ini.
トロン　　　チュチカン　　フィる(ム)　イニ

⑧ 焼き増しして下さい。
Tolong cétak film ini.
トロン　　　チェタッ(ク)　フィる(ム)　イニ

⑨ この用紙に記入して下
さい。
Tolong isi formulir ini.
トロン　　　イシ　フォルムリ(ル)　イニ

⑩ プレゼント用に包んで
下さい。
Tolong　bungkuskan　untuk
トロン　　　ブンクスかン　　　　ウんトゥッ(ク)
hadiah.
ハディア

⑪ その先の信号の前で止
めて下さい。
Tolong berhenti di depan lampu
トロン　　　ブルフんティ　　ディ　ドゥパン　　らんプ
itu.
イトゥ

⑫ 急いで下さい。
Tolong cepat-cepat.
トロン　　　チュパッ(ト)　チュパッ(ト)

55

　インドネシアの公用語はインドネシア語で、全国に広く普及しています。その他、ジャワ語、スンダ語、バリ語、スマトラ語など、約300以上の種族語があります。（英語の普及率はまだ低いですが、第2の言語としてみなされています）

　また、学校制度は日本と同じ6・3・3制で、下記が基本です。
・小学校（SD：Sekolar Dasar）6年、
・中学校（SMP：Sekolah Menengah Pertama）3年、
・高校（SMA：Sekolah Menengah Atas）3年

　高等教育機関の種別は、総合大学（Universitas）、専門大学（Institut）、単科大学（SekolahTinggi）、ポリテクニック（Politeknik）、アカデミ（Akademi）の5つです。

★　解　説　★

tolong（= please）＋ 動詞 ＋ （助動詞 kan, i）＝ ～して下さるようお願いします

① **panggil**：呼ぶ
② **antar**：送る、見送る、連れて行く、案内する
③ **alamat**：住所
④ **ulang**：繰り返す、**sekali lagi**：もう一度
⑤ **kata**：言う
⑥ **bicara**：話す、**pelan-pelan**：ゆっくり　（④⑤⑥は聞き返す時によく使う）
⑦ **cuci film/filem**：現像する
⑧ **cétak film**：焼き増し、プリント
⑨ **isi**（= fill-out）：記入する、書く、**formulir**（= form）：用紙
⑩ **bungkus**：包む、**untuk hadiah**：プレゼント用に
⑪ **berhenti**：止める、**di depan**：～の前で、**lampu**：信号機
⑫ **cepat-cepat**：早く、急いで

22. 誘う、伺う

① 散歩に行きませんか？ **Mau pergi jalan-jalan ?**
マウ　　プルギ　ジャらん　ジャらん

② 映画を観に行きませんか？ **Mau pergi menonton film ?**
マウ　　プルギ　ムノントン　　　フィる(ム)

③ ゴルフに行きませんか？ **Mau main golf ?**
マウ　　マイん　ゴるフ

④ 晩御飯、一緒にいかがですか？ **Bagaimana kalau kita makan**
バガイマナ　　　　カらウ　　キタ　　マカん
malam bersama ?
マら(ム)　　ブルサマ

⑤ 来週の月曜日にでもいかがですか？ **Bagaimana kalau hari Senin**
バガイマナ　　　　カらウ　　　ハリ　　スニん
depan ?
ドゥパん

⑥ ジャスミン茶を飲みませんか？ **Mau minum téh melati ?**
マウ　　ミヌ(ム)　　テ　　ムらティ

⑦ インドネシア料理を
　食べてみませんか？

Mau　coba　makan　masakan
マウ　　　チョバ　　　マカん　　　マサカん
Indonésia ?
インドネシア

⑧ お酒を飲みますか？

Mau minum minuman keras ?
マウ　　ミヌ(ム)　　ミヌマん　　　クラ(ス)

⑨ 待ち合わせ場所は
　ホテルのロビーで
　いかがですか？

Bagaimana kalau bertemu di lobi
バガイマナ　　　　カらウ　　ブルトゥム　　ディ ろビ
hotél ?
ホテる

  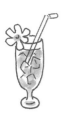

★　解　説　★

① **mau**（＝ want）：したい〔誘う時によく使う言葉〕、**jalan-jalan**：散歩する

② **menonton**：(TV、映画、演劇、コンサートなどを）観る〔口語〕、**menonton film**：映画を観る

③ **main**：遊ぶ、○○遊びをする、～をする

④ **bagaimana kalau**（＝ how if）：いかが、**kita**：(相手を含む）私達、我々、**makan malam**：夕食、晩御飯

⑤ **hari Senin**：月曜日、**depan**：前、来る～、**Senin depan**：来週の月曜日

⑥ **minum**：飲む

⑦ **coba**：試す、～してみる、**makan**：食べる

⑧ **minuman keras**：アルコール飲料、酒類

58

23. 承諾する、断る

〈誘われて〉

① ええ、喜んで。　　　**Dengan senang hati.**
　　　　　　　　　　　ドゥンガン　スナン　　ハティ

　ありがとう。　　　　**Terima kasih.**
　　　　　　　　　　　トゥリマ　　カシ

② もちろん行きたいです。**Tentu saja saya mau pergi.**
　　　　　　　　　　　トゥントゥ サジャ サヤ　マウ　プルギ

〈頼まれて〉

③ いいですよ。　　　　**Baiklah.**
　　　　　　　　　　　バイッ(ク)ら

　かまいませんよ。　　**Boléh saja.**
　　　　　　　　　　　ボれ　　　サジャ

④ 任せて下さい。　　　**Serahkan pada saya.**
　　　　　　　　　　　スラ(フ)かん　　パダ　　サヤ

〈パーティに誘われて〉

⑤ 残念ながら、行けませ **Sayang sekali, saya tidak bisa**
　ん。　　　　　　　　サヤン　　　スカリ　　サヤ　ティダッ(ク) ビサ

　　　　　　　　　　　pergi.
　　　　　　　　　　　プルギ

⑥ 次回はぜひ誘って下さい。 **Ajaklah saya lain kali.**
アジャッ(ク)ら　サヤ　　らいん　カリ

⑦ すみません、先約があ **Maaf, saya sudah ada janji**
りますが。 マアフ　　サヤ　　スダ　　アダ　　ジャンジ
sebelumnya.
スブる(ム)ニャ

〈映画に誘われて〉

⑧ ありがとう。 **Terima kasih.**
トゥリマ　　カシ
楽しみだわ。 **Saya tunggu dengan senang hati.**
サヤ　　トゥング　ドゥんがん　スナン　　ハティ

⑨ ごめんなさい、昨日観 **Maaf ya, saya sudah nonton**
ました。 マアフ　ヤ　サヤ　スダ　　ノんトん
kemarin.
クマりん

〈ご飯のお代わり〉

⑩ もうお腹がいっぱいで **Saya sudah kenyang.**
す。 サヤ　　スダ　　クニャン

⑪ もう結構です。 **Sudah cukup.／Terima kasih.**
スダ　　チュクッ(プ)　　トゥリマ　　カシ

⑫ ちょっとだけ。 **Sedikit saja.**
スディキッ(ト)　サジャ

〈しつこく誘われて〉

⑬ いやです。　　　　　**Saya tidak mau.**
　　　　　　　　　　　サヤ　　ティダッ(ク)　マウ

　　やめて‼　　　　　**Hentikan ‼**
　　　　　　　　　　　フンティカン

⑭ 興味ありません。　　**Saya tidak tertarik.**
　　　　　　　　　　　サヤ　　ティダッ(ク)　トゥルタリッ(ク)

⑮ ダメです。　　　　　**Jangan.**
　　　　　　　　　　　ジャンガンん

　　いけません。　　　**Tidak boléh.**
　　　　　　　　　　　ティダッ(ク)　ボれ

★　解　説　★

① 決まり文句
② tentu saja：もちろん
③ 決まり文句
④ serahkan pada：〜に任せて
⑤ sayang sekali：残念ながら
⑥ ajak：誘う、-lah：語意を強める、lain kali：次回
⑦ janji：約束、sebelumnya：前の、先の
⑧ tunggu：待つ、dengan senang hati：楽しい気持ちで〔しかし、この表現は一般的に使わず、「saya tunggu ya」か「terima kasih」を言う〕
⑩ kenyang：お腹がいっぱい、満腹
⑪ cukup：充分、結構、足りる
⑫ sedikit：ちょっと、少し
⑬ hentikan：やめて
⑭ tertarik：惹かれる、魅せられる

24. 許可を求める

① 部屋でタバコを吸って　**Boléh saya merokok di kamar ?**
もいいですか？　　　　ポれ　　サヤ　　ムロコッ(ク)　ディ カマール

② お聞きしてもよろしい　**Boléh saya bertanya ?**
ですか？　　　　　　　ポれ　　サヤ　　ブルタニャ

③ お寺の写真を撮っても　**Boléh saya ambil foto candi ?**
いいですか？　　　　　ポれ　　サヤ　　あんビる　フォト　チャンディ

④ 一緒に買い物に行って　**Boléh saya ikut pergi belanja**
もいいですか？　　　　ポれ　　サヤ　　イクッ(ト)　ブルギ　　ブらんジャ

sama-sama ?
サマ　　サマ

⑤ お邪魔してもよろしい　**Boléh saya mengganggu ?**
ですか？　　　　　　　ポれ　　サヤ　　ムンガング

⑥ 住所を聞いてもよろし　**Boléh saya tanya alamat anda ?**
いですか？　　　　　　ポれ　　サヤ　　タニャ　　あらマッ(ト)　アンダ

⑦ 電話を借りてもいいで　**Boléh saya pinjam télépon ?**
すか？　　　　　　　ボれ　　　サヤ　　ぴんジャ(ム) てれぽん

⑧ 部屋を見せてもらえま　**Boléh saya lihat　kamar ?**
すか？　　　　　　　ボれ　　　サヤ　　リハッ(ト) カマール

★　解　説　★

① boléh（= may）：許可を求める助動詞、boléh saya ＋ 動詞 ＋ 目的語：(私が)
　〜してもいいですか、merokok（語根：rokok）：タバコを吸う
② tanya：聞く、問う、質問する
③ ambil foto：写真を撮る、candi：寺院、寺
④ pergi belanja：買い物に行く、ikut：ついて行く
⑤ mengganggu（語根：ganggu）：邪魔をする
⑥ alamat anda：あなたの住所
⑦ pinjam：借りる
⑧ lihat：見る、kamar：部屋

25. 気持ち・感想を伝える

① それは残念ですね。　**Wah, sayang ya.**
ワー　　サヤン　　　　ヤ

② それはお気の毒です。　**Wah, kasihan.**
ワー　　カシアん

③ とてもうれしいです。　**Saya senang sekali.**
サヤ　　スナン　　　　スカリ

悲しいです。　**Saya sedih.**
サヤ　　スディ

④ 心配です。　**Saya kuatir .**
サヤ　　クアティール

⑤ 安心しました。　**Saya merasa tenang.**
サヤ　　ムラサ　　　トゥナン

⑥ 幸せです。　**Saya bahagia.**
サヤ　　バハギア

⑦ それはひどい。　**Itu keterlaluan.**
イトゥ　クトゥルらるアん

⑧ 怒っています。　　**Saya marah.**
サヤ　　マラ(フ)

⑨ がっかりしています。　**Saya kecéwa.**
サヤ　　クチェワ

〈告白〉

⑩ 君のことが好きです。　**Saya senang kamu.**
サヤ　スナン　　カム
Saya suka kamu.
サヤ　スカ　　カム

君のことを大切に思っ　**Saya sayang kamu.**
ている。　　　　　　サヤ　サヤン　　カム

愛している。　　　　**Saya cinta kamu.**
サヤ　チンタ　カム
Saya cinta kepadamu.
サヤ　チンタ　クパダム

君に会いたいです。　**Saya ingin bertemu kamu.**
サヤ　インギン　ブルテム　　カム
Saya rindu kamu.
サヤ　リンドゥ　カム

君のことを忘れません。**Saya tidak akan melupakan**
サヤ　　ティダッ(ク)　アかん　　ムるパかん

kamu.
カム

① 感動しました。　　　**Saya terharu.**
サヤ　　トゥ(ル)ハル

（感激しました。）

② 感心しました。　　　**Saya merasa kagum.**
サヤ　　ムラサ　　カグ(ム)

③ すごかったです。　　**Luar biasa.　/ Hébat.**
るアール　ビアサ　　　　ヘバッ(ト)

④ すばらしい。　　　　**Bagus sekali.**
バグ(ス)　　スカリ

⑤ 楽しかったです。　　**Sangat menyenangkan.**
サんガッ(ト)　ムニュナンかん

⑥ 面白かったです。　　**Sangat menarik.**
サんガッ(ト)　ムナリッ(ク)

⑦ びっくりした。　　　**Saya terkejut.**
サヤ　　トゥルクジュッ(ト)

66

★　解　説　★

① **sayang**：残念な、もったいない

② **kasihan**：気の毒、かわいそうに

④ **kuatir**（**khawatir / kawatir**）：心配する、不安になる

⑤ **merasa**：〜を感じる、**tenang**：安心する

⑨ **kecéwa**：がっかりする、失望した

⑩ **sayang**：大切に思う、可愛がる、**cinta**：愛する、**kepadamu**（**kepada kamu**）：あなたに対する、**rindu**（口語：**kangen**）：恋しく思う、会いたい、**melupakan**（語根：**lupa**）：忘れる

⑪ **terharu**：感動する、感激する

⑫ **kagum**：感心する、賞賛する

⑬ **luar biasa, hébat**：すごい

⑭ **bagus sekali**：すばらしい

⑮ **menyenangkan**（語根：**senang**）：楽しい

⑯ **menarik**：面白い

⑰ **terkejut**：びっくりする、驚く

26. 電話の応対

① もしもし、こんにちは。**Halo, selamat siang.**
ハろー　スらマッ(ト)　シアン

ルスディさんですか？　**Apakah ini pak Rusdi ?**
アパカ　　　イニ　パッ(ク)　ルスディ

② もしもし、ルスディさ **Halo, apakah ini rumah pak**
んのお宅ですか？ ハろー　アパカ　　イニ　ルマ　　　パッ(ク)
Rusdi ?
ルスディ

③ ルスディさんをお願い **Boléh saya bicara dengan pak**
します。 ボれ　　　サヤ　　ビチャラ　ドゥんガん　　パッ(ク)
Rusdi ?
ルスディ

④ どちら様ですか？ **Ini siapa ?**
イニ　シアパ
Dari mana ?
ダリ　　マナ
Dengan siapa ?
ドゥんガん　シアパ

⑤ こちらは田中です。 **Disini Tanaka. / Ini Tanaka.**
ディシニ　タナカ　　　　イニ　タナカ

⑥ リタさんいますか？　　**Rita ada ?**
リタ　アダ

⑦ 私はリタさんの友人の　**Saya Yuko, teman Rita.**
裕子です。　　　　　　サヤ　ユーコ　トゥまん　リタ

⑧ ちょっとお待ち下さい。**Mohon tunggu sebentar.**
モホん　トゥング　スブんタ(ル)

⑨ リタは外出中です。　　**Rita sedang keluar.**
リタ　スダン　くるアール

⑩ いつ戻りますか？　　　**Kapan kembali ?**
カパん　くんバリ

⑪ （彼は / 〜さんは）　　**(Dia / Bapak) sedang bicara di**
ただ今、電話中です。　ディア　バパッ(ク)　スダン　ビチャラ　ディ
télépon lain.
てれポん　らイん

⑫ （彼は / 〜さんは）　　**(Dia / Bapak) sedang ada tamu.**
ただ今、来客中です。　ディア　バパッ(ク)　スダン　アダ　タム

⑬ 伝言をお願いできますか？ **Boléh saya titip pesan ?**
ボれ　　サヤ　　ティティッ(プ)　ブさん

⑭ また電話します。 **Saya akan menélépon kembali.**
サヤ　　アカん　　ムねれぽん　　　　クんバリ

⑮ 田中から電話があったことを伝えて下さい。 **Tolong sampaikan ada télépon**
トろン　　　サンパイかん　　　アダ　テれぽん
dari Tanaka.
ダリ　　タナカ

⑯ 裕子に電話するように伝えて下さい。 **Tolong　sampaikan　supaya**
トろン　　　サンパイかん　　　スパヤ
menélépon Yuko.
ムねれぽん　　　ユーコ

⑰ ごめんなさい、間違えました。 **Maaf, salah sambung.**
マアフ　　さら　　サンブン

70

★　解　説　★

①～⑰は電話する時の言い回し。「もしもし」の次に時間帯のあいさつを言うの
　が礼儀だと思われる。また、電話を切る時は「ありがとう」を言った後、もう
　一度、時間帯によるあいさつを言ってから受話器を置く。しかし、同年代の間
　柄ではそれらを省略し、切る時に「じゃあね、またね：Daah」を言うのが一
　般的。

⑦ teman：友人、友達

⑨⑪⑫ sedang ～：～しているところ、～中

⑩ kembali：戻る

⑬ titip：預ける、pesan：伝言

⑭ menélépon kembali：再び/もう一度電話する

⑯ tolong sampaikan supaya：～するよう伝えて下さい

⑰ salah sambung：間違ってかかる

27. 訪問する、応対する

〈訪問〉

① 失礼します。 **Permisi.**
ブルミシ

私は田中です。 **Saya Tanaka.**
サヤ　　タナカ

② ルスディさんはいらっ **Pak Rusdi ada ?**
しゃいますか？ パッ(ク) ルスディ　アダ

③ ルスディさんにお目に **Saya ingin bertemu dengan**
かかりたいのですが。 サヤ　　インギン　ブルトゥム　　ドゥンガン

pak Rusdi.
パッ(ク) ルスディ

④ 面会のアポをとってあ **Saya sudah berjanji untuk**
ります。 スヤ　　スダ　　　ブルジャンジ　ウントゥッ(ク)

bertemu.
ブルトゥム

⑤ ようこそいらっしゃい **Saya senang menerima**
ました。 サヤ　　スナン　　　ムヌリマ

kedatangan anda.
クダタんがン　　　アンダ

⑥ お待ちしていました。　　**Sudah ditunggu.**
スダ　　　　ディトゥング

⑦ お邪魔します。　　　　　**Maaf mengganggu.**
マアフ　　ムンガング

〈応対〉

⑧ どうぞ、お入り下さい。　**Silakan masuk.**
シらかん　　　マスッ(ク)

⑨ どうぞ、お座り下さい。　**Silakan duduk.**
シらかん　　　ドゥドゥッ(ク)

⑩ しばらくお待ち下さい。　**Mohon tunggu sebentar.**
モホん　　　トゥング　　　スブんタール

⑪ どうぞおかまいなく。　　**Jangan répot-répot.**
ジャんがん　　レポッ(ト) レポッ(ト)

⑫ 楽にして下さい。　　　　**Silakan santai saja.**
シらかん　　　さんタイ　　サジャ

⑬ 召し上がって下さい。 **Silakan makan.**
シらカん　　　　マカん

⑭ どうぞご遠慮なく。 **Silakan, jangan malu-malu.**
シらカん　　　ジゃんガん　　マる　　　マる
Silakan, jangan segan-segan.
シらカん　　　ジゃんガん　　スガん　　　スガん

⑮ どうぞ、また来て下さ **Silakan datang lagi.**
い。 シらカん　　　ダタン　　　らギ

⑯ お茶とお菓子をどうぞ。**Silakan dicicip téh dan kuénya.**
シらカん　　　ディチチッ(プ)　テ　　ダん　　クエニゃ

〈帰り〉

⑰ ご馳走さまでした。 **Terima kasih atas hidangan yang**
トゥリマ　　カシ　　アタス　ヒダんガん　　ヤン
énak.
エナッ(ク)

⑱ これで、失礼させて **Mari, saya permisi dulu.**
頂きます。 マリ　　サヤ　　プルミシ　　ドゥる

（ミニ知識）

　インドネシアでは、人と別れる時、時間帯にあった挨拶を使うのが一般的です。しばらく会えない人、旅に出かける人、もう会えなくなる人には「Selamat jalan./Selamat tinggal.」と言います。ちなみに日本人がよく使う「お疲れ様、ご苦労様」にあたる表現はないので、「capék ya」（疲れましたか）、「silakan istirahat」（休んで下さい）などの表現を使うと良いでしょう。

★　解　説　★

④ **berjanji untuk**：〜（のために）約束する、アポイントをとる

⑤〜⑱ 決まり文句

⑫ **santai**：リラックス、気楽に、くつろげる

⑭ **malu-malu**：恥ずかしがる、**segan-segan**：遠慮する、ためらう、**jangan**：〜がらないで、〜しないで

⑯ **dicicip**（語根：**cicip**）：「**cicip**」の受動態に似た命令文「味見していただけますか」の意味、**téh**（＝ tea）：紅茶、**kué**：お菓子

⑰ **hidangan**：おもてなし、料理、食べ物

⑱ **mari**：「それでは、では」と帰り際に言う言葉。"**mari**" を言うだけで「失礼します」という意味にもなる。

---

28. 相 づ ち

① ああそうですか？ **Oh, begitu ?**
オー　ブギトゥ

② 本当ですか？ **Betul ?**
ブトゥる

③ そうですね。 **Ya, begitulah.**
ヤ　ブギトゥら

④ それは知りませんでした。 **Saya tidak　tahu itu .**
サヤ　ティダッ(ク) タウ　イトゥ

⑤ それはいい考えですね。 **Itu ide yang bagus ya.**
イトゥ イデ　ヤン　バグス　ヤ
Itu ide yang baik ya.
イトゥ イデ　ヤン　バイ(ク) ヤ

⑥ それなら賛成です。 **Kalau begitu saya setuju.**
カらウ　ブギトゥ　サヤ　ストゥジュ

それなら反対です。 **Kalau begitu saya tidak setuju.**
カらウ　ブギトゥ　サヤ　ティダッ(ク) ストゥジュ

⑦ それは誤解です。 **Itu salah paham.**
イトゥ　サら　パハ(ム)

⑧ そうじゃない。　　　**Bukan begitu.**
　　　　　　　　　　ブカん　　　ブギトゥ

⑨ うそでしょう！　　　**Ah, bohong！**
　　　　　　　　　　アー　　ボホン

⑩ うそじゃない。　　　**Bukan bohong.**
　　　　　　　　　　ブカん　　　　ボホン

⑪ 仕方がないですね。　　**Apa boléh buat ya.**
　　　　　　　　　　アパ　　ボれ　　　ブアッ(ト)　ヤ

⑫ それはよかった。　　**Itu bagus.**
　　　　　　　　　　イトゥ　バグス

⑬ それは違います。　　**Itu salah.**
　　　　　　　　　　イトゥ　さら

⑭ まさか、そんなはずが **Ah, itu tidak mungkin.**
　ない。　　　　　　アー　イトゥ ティダッ(ク) ムンきん

⑮ 信じられない！　　　**Saya tidak percaya！**
　　　　　　　　　　サヤ　　　ティダッ(ク) プルチャヤ

★　解　説　★

⑤ ide：アイディア、いい考え
⑥ setuju（tidak setuju）：賛成（反対）
⑦ salah paham：誤解する
⑨ bohong：うそ、うそを言う
⑮ percaya：信じる

29. 励ます、ほめる

① がんばって下さい。　**Selamat berjuang.**
スらマッ(ト)　　ブルジュアン

② 心配しないで下さい。　**Jangan kuatir.**
ジャんガん　　クアティール

③ あまり気にしないで下 **Jangan terlalu dipikirkan ya.**
さいね。　　　　　ジャんガん　　トゥルらる　　ティビキルカん　　ヤ

④ 早く元気になって下さ **Semoga cepat sembuh.**
い。　　　　　スモガ　　　チュパッ(ト) スンブ

⑤ 成功を祈ります。　**Saya do'akan semoga suksés.**
サヤ　　ドアカん　　スモガ　　　スクセス
Semoga suksés !
スモガ　　　スクセス

⑥ 優秀な人ですね。　**Anda orang yang berpréstasi ya.**
アんダ　　オラン　　ヤン　　ブルプレスタシ　　　ヤ

⑦ 君はきれいですね。　**Kamu cantik ya.**
カム　　　チャンティッ(ク) ヤ

78

⑧ 日本語が上手ですね。
Bahasa Jepangnya pintar ya.
バハサ　　　ジュパンニャ　　　ピンタール　ヤ

⑨ この洋服はあなたに
　よく似合っています。
Baju ini cocok sekali dengan
バジュ　イニ　チョチョッ(ク) スカリ　　ドゥンガン
anda.
アンダ

★　解　説　★

① berjuang（語根：juang）：闘う、努力する、がんばる
③ terlalu：〜すぎる、dipikirkan（語根：pikir）：考える、気にする
④ semoga：〜になるように、cepat：早く、sembuh：治る、回復する
⑤ do'akan（語根：do'a）：祈る、願う、suksés：成功する
⑥ berpréstasi：優秀な成績を持つ
⑦ cantik：きれい、美しい
⑧ pintar：賢い、頭がいい、上手な
⑨ cocok dengan：〜に似合う

3章

旅行で使える
フレーズ

1. 機内で

① （搭乗券を見せて）
私の席はどこですか？

Dimana tempat duduk saya ?
ディマナ　　トゥンパッ(ト) ドゥドゥッ(ク) サヤ

② すみません、荷物を
ここに置いてもいい
ですか？

Maaf, boléh saya taruh barang
マアフ　　ボレ　　サヤ　　タル　　バラン
disini ?
ディシニ

③ 日本語の新聞（雑誌）
はありますか？

Ada koran （majalah） bahasa
アダ　　コらン　　（マジャら）　　バハサ
Jepang ?
ジュパン

④ 飲み物（食事）は何が
いいですか？

Anda mau minum （makan） apa ?
アンダ　　マウ　　ミヌ(ム)　　（マカん）　　アパ

⑤ どんな飲み物（食事）が
ありますか？

Ada minuman （makanan） apa ?
アダ　　ミヌまん　　（マカなん）　　アパ

⑥ トマトジュースを下さ
い。

Minta jus tomat.
ミンタ　　ジュス　　トマッ(ト)

⑦　お水をもらえますか？　**Boléh minta air ?**
　　　　　　　　　　　　ボれ　　ミンタ　　アイル

⑧　すみません、飲み物を　**Maaf, minuman saya tumpah.**
　　こぼしました。　　　マアフ　　ミヌまん　　　サヤ　　トゥンパ(フ)

⑨　気分が悪いです。　　　**Saya merasa mual.**
　　　　　　　　　　　　サヤ　　ムラサ　　ムアる
　　酔い止め薬をもらえま　**Bisa minta obat　anti　mabuk ?**
　　すか？　　　　　　　ビサ　　ミンタ　オバッ(ト)　アンティ　マブッ(ク)

★　解　説　★

① tempat：場所、duduk：座る、tempat duduk：座席
② taruh：置く、barang：荷物、物
③ koran：新聞、majalah：雑誌
⑧ tumpah：こぼれる
⑨ merasa mual：吐き気がする、気分が悪い、bisa minta：～をもらうことがで
　きる、～してもらえる、obat anti mabuk：酔い止め薬（obat：薬、anti：反～、
　抗～、mabuk：酔う）

---

2. 空港で

① パスポートを見せて下さい。

Tolong perlihatkan paspor.
トロン　　プルリハッ(ト)かん　パスポル

② 入国の目的は何ですか？

Apa tujuan kedatangan anda ?
アパ　トゥジュあん　クダたんがん　　アんダ

③ 観光（仕事）です。

Untuk　wisata（dinas）.
ウんトゥッ(ク)　ウィサタ　　（ディナス）

④ どれくらいのご滞在ですか？

Untuk tinggal berapa lama ?
ウんトゥッ(ク)　ティンがる　ブラパ　　らマ

⑤ 1週間です。

Satu minggu.
サトゥ　ミング

⑥ 何人で来ましたか？

Datang dengan berapa orang ?
ダタン　　ドゥんがん　ブラパ　　オラン

⑦ 家族で4人です。

Sekeluarga, empat　orang.
スクるアルガ　　　　ウんパッ(ト)　オラン

一人です。

Sendirian.
すんディリあん

84

⑧ 税関申告書を下さい。 **Minta Pemberitahuan Pabéan.**
ミンタ　　　プンブリタウアん　　　　　パベアん

⑨ 特に申告するものは **Ada sesuatu yang perlu**
　ありますか？　　　　アダ　ススアトゥ　　ヤン　　プルる

dilaporkan ?
ディらポルカん

⑩ このトランクを開けて **Tolong buka koper ini.**
　下さい。　　　　　　トろン　　ブカ　　コプル　　イニ

★　解説　★

① perlihatkan（語根：lihat）：見せる
② tujuan：目的、kedatangan（語根：datang）：到来、到着、入国、訪問
③ wisata：観光、旅行、dinas：仕事、公用
⑦ sekeluarga（satu keluarga）：家族で、sendirian：一人で
⑧ pemberitahuan（語根：tahu）：申告、報告、お知らせ、pabéan：税関
⑨ sesuatu（＝anything、something）：何か、dilaporkan（語根：lapor）：報
　告される、申告される
⑩ buka：開ける、koper：トランク

3. タクシーに乗る

① （カウンターにて）ホテル○○まで、タクシーでいくらですか？

Berapa ongkos taksi sampai ke
ブラパ　　　オンコス　　タ(ク)シ　サンパイ　ク
Hotél ○○ ?
ホテる

② 荷物をトランクに入れて下さい。

Tolong masukkan barang saya ke
トロン　　　マスッ(ク)かん　バラン　　　サヤ　ク
dalam bagasi mobil.
ダら(ム)　バガシ　　　モビる

③ 運転手さん、ホテル○○までお願いします。

Pak, tolong antar sampai ke
パッ(ク)、トロン　　　アンタル　サンパイ　ク
Hotél ○○.
ホテる

④ ここから遠いですか？

Apakah jauh dari sini ?
アパカ　　　ジャウ　ダリ　シニ

⑤ どのくらい時間がかかりますか？

Perlu waktu berapa lama, pak ?
ブルる　　ワ(ク)トゥ　ブラパ　　らマ　　パッ(ク)

⑥ はい、着きましたよ。　**Sudah sampai.**
　　　　　　　　　　　　スダ　　サンパイ

⑦ ありがとう。　　　　　**Terima kasih.**
　　　　　　　　　　　　トゥリマ　　カシ

⑧ 忘れ物はないですか？　**Tidak　ada barang yang**
　　　　　　　　　　　　ティダッ(ク) アダ　　バラン　　　ヤン

　　　　　　　　　　　　tertinggal ?
　　　　　　　　　　　　トゥルティンガる

★　解 説　★

① ongkos：運賃、料金
② masukkan（語根：masuk）：入れる、ke dalam：中へ、bagasi：車のトランク
③⑤ pak：〔ベチャ、タクシー、バスなどの運転手や教師、警官などに対して使
　　われる呼びかけ〕
④ jauh：遠い
⑤ perlu：要る、必要、waktu：時間
⑥ sampai：着く、到着
⑧ yang tertinggal（語根：tinggal）：置き忘れる（ところの）、忘れ物する（と
　　ころの）

4. ホテル (1)

〈予約なしの場合〉

① ここに泊まりたいので すが、お部屋はありま すか？

Saya mau menginap di sini,
サヤ　　マウ　　ムんギナッ(プ)　　ディ　シニ
apakah ada kamar kosong ?
アパカ　　　アダ　　カマール　　コソン

② ○○ルピアの部屋なら ありますよ。

Kalau kamar yang ○○ Rupiah
カらウ　　カマール　　ヤン　　　　　　　ルピア
ada.
アダ

③ もう少し安い部屋はあ りますか？

Ada kamar yang lebih murah ?
アダ　　カマール　　ヤン　　るビ　　ムラ

④ あいにく今日は満室で すが。

Sayang, hari ini sudah penuh.
サヤン　　　　ハリ　イニ　スダ　　　プヌ

⑤ 他のホテルを紹介して もらえますか？

Bisa kenalkan hotél yang lain ?
ビサ　　クナるかん　　ホテる　　ヤン　　らいん

88

⑥ 何泊ですか？

Untuk berapa malam?
ウントゥッ(ク) ブラパ　マら(ム)

⑦ 3泊4日朝食付き
（なし）で。

Empat hari tiga malam dengan
ウンパッ(ト)　ハリ　ティガ　マら(ム)　　ドゥンガン

(tanpa) makan pagi.
(タンパ)　　マカん　　パギ

⑧ この用紙に記入して
下さい。

Tolong isikan formulir ini.
トろン　　　イシかん　　フォルムりル　イニ

⑨ 朝食は何時からです
か？

Makan pagi dari jam berapa?
マカん　　パギ　ダリ　ジャ(ム) ブラパ

★　解説　★

① menginap（語根：inap）：泊まる、宿泊する、kamar kosong：空き部屋
② kalau：もし、〜なら
③ lebih murah：もっと安い、更に安い
④ penuh：いっぱいである、満杯、満室
⑤ kenalkan（語根：kenal）：紹介する
⑦ dengan（＝with）：付き、tanpa（＝without）：なし

5. ホテル (2)

〈予約済みの場合〉

① チェックインしたいのですが。
Saya mau check-in.
サヤ　マウ　チェッ(ク)イん

② 私は田中です。
Saya Tanaka.
サヤ　タナカ

予約してあります。
Saya sudah pesan kamar.
サヤ　スダ　プさん　カマール

③ できれば、部屋を替えたいのですが。
Kalau bisa, saya mau ganti kamar.
カらウ　ビサ　サヤ　マウ　ガンティ
カマール

④ 海に面した部屋はありますか？
Ada kamar yang menghadap ke laut ?
アダ　カマール　ヤン　ムンハダッ(プ)　ク
らウ(ト)

⑤ ダブルルームなら一泊いくらですか？
Kalau kamar dobel satu malam berapa ?
カらウ　カマール　ドブる　サトゥ　マら(ム)
ブラパ

⑥ 荷物を一時預けておきたいのですが。
Saya mau menitip barang untuk sementara.
サヤ　マウ　ムニティッ(プ)　バラン　ウんトゥッ(ク)
スムんタラ

⑦ メーター付きのタクシーを呼んでもらえますか？

Bisa　tolong　panggilkan　taksi
ビサ　　　トロン　　　　パンギるかん　　　　タ(ク)シ
méter ?
メートゥル

⑧ 滞在を延ばしたいのですが。

Saya　mau　perpanjang　masa
サヤ　　　マウ　　　プルパンジャン　　　マサ
tinggal.
ティンガる

⑨ 国際電話をかけたいのですが。

Saya　mau　menélépon
サヤ　　　マウ　　　ムねれポん
internasional.
インとゥルナシオナる

★　解　説　★

② **pesan kamar**：部屋を予約する

③ **kalau**（＝if)：もし、**kalau bisa**：できれば、可能であれば、**ganti**：変える、替える

④ **menghadap**（語根：**hadap**)：〜に向かう、〜に面する、**laut**：海

⑥ **menitip**（語根：**titip**)：預ける、**untuk**（＝for)，**sementara**：一時的に、しばらくの間

⑦ **bisa tolong**：〜してもらえる、〜してくれる

⑧ **perpanjang**（語根：**panjang**)：延長する、**masa tinggal**：滞在期間

6. ホテル (3)

① もしもし、ルームサービスですか？

Halo, room service ?
ハろー　ルーム　セルフィス

② もしもし、201号室ですが。

Halo, disini kamar nomor dua
ハろー　ディシニ　カマール　ノモル　ドゥア
kosong satu.
コソン　サトゥ

③ シャワーのお湯が出ません。

Shower air panasnya tidak
ショウル　アイル　パナスニャ　ティダッ(ク)
keluar.
クるアル

④ 電気がつきません。

Lampu tidak menyala.
らんプ　ティダッ(ク)　ムニャら

⑤ エアコンがききません。

直して頂けますか？

AC kamar tidak hidup.
アセ　カマール　ティダッ(ク)　ヒドゥ(プ)
Bisa tolong diperbaiki ?
ビサ　トろン　ディプルバイキ

⑥ この水道水は飲めますか？

Air lédeng ini bisa diminum ?
アイル　れドゥン　イニ　ビサ　ディミヌ(ム)

⑦ トイレが詰まりました。**Toilétnya（W.C. nya）tersumbat.**
　　トイれッ(ト)ニャ（ウェ セ ニャ）　　トゥルスンバッ(ト)

⑧ カギを部屋の中に忘れ **Kunci tertinggal di dalam kamar.**
　ました。　　　　　　 クンチ　トゥルティンガる ディ ダら(ム)　カマール

⑨ タオルをもう一枚頂け **Boléh minta handuk　satu lagi ?**
　ますか？　　　　　　 ボれ　　　ミンタ　　ハンドゥッ(ク) サトゥ　らギ

⑩ 食事を注文したいので **Saya mau pesan makanan.**
　すが。　　　　　　　 サヤ　　マウ　　プさん　　マカなん

★　解　説　★

③ air panas：お湯、keluar：出る
④ lampu：ランプ、電気、menyala（語根：nyala）：付く
⑤ hidup：付く、動いている、生きる、diperbaiki（語根：baik）：良くする、修
　理する、直す〔baik の受動態に似た命令文〕
⑥ air lédeng：水道水
⑦ W.C.（＝water closet）：トイレ、tersumbat（語根：sumbat）：詰まった
⑧ kunci：カギ、tertinggal：置き忘れた
⑨ handuk：タオル
⑩ pesan：注文、伝言

7. 銀行に行く

① この近くに銀行はありますか？

Apakah di dekat sini ada Bank ?
アパカ　　　ディ ドゥカッ(ト)　シニ　アダ　バンク

この近くに両替所はありますか？

Apakah di dekat sini ada
アパカ　　　ディ ドゥカッ(ト)　シニ　アダ

tempat menukar uang ?
トゥンパッ(ト)　ムヌカール　　ウアン

② ホテルの中に両替所はありますか？

Apakah di dalam hotél ada
アパカ　　ディ　ダら(ム)　ホテる　アダ

Money Changer ?
マニー　　　チェンジュル

③ 円をルピアに替えたいのですが。

Saya mau menukar Yén dengan
サヤ　　マウ　　ムヌカール　　イェん　ドゥんがん

Rupiah.
ルピア

④ ルピアに両替をお願いします。

Tolong ditukar ke Rupiah.
トロン　　　ディトゥカール　ク　ルピア

⑤ 小銭を混ぜて両替してもらえますか。

Tolong ditukar dengan uang
トロン　　　ディトゥカール　　ドゥんがん　　ウアン

besar dan uang kecil.
ブサール　ダン　ウアン　クチる

⑥ このトラベラーズチェックを現金に替えたいです。

Saya　mau　menguangkan
サヤ　　マウ　　ムンウアンカン
Traveler's　Check　ini.
トラヴェるル　　チェッ（ク）　イニ

⑦ この書式に記入して下さい。

Tolong diisi formulir ini.
トろン　　ディイシ　フォルムリル　イニ

⑧ パスポートを見せて下さい。

Tolong kasih lihat paspornya.
トろン　　カシ　　りハット　パスポルニャ

⑨ ここにサインして下さい。

Tolong tandatangan di sini.
トろン　　タンダタンガン　　ディ シニ

★　解　説　★

③ menukar（語根：tukar）：替える、交換する、dengan（＝with）：〜に
④⑤ ditukar〔tukar の受動態に似た命令文〕
⑤ uang besar：桁の大きい金額、uang kecil：桁の小さい金額、小銭
⑥ menguangkan（uang）：現金化する、お金に替える、（現金：uang tunai）
⑨ tandatangan：サインする

8. 郵便局に行く

① 郵便局はどこですか？ **Dimana ada Kantor Pos ?**
ディマナ　　アダ　　カントール　ボス

② ホテルでは切手を売っ **Apakah hotél juga menjual**
ていますか？
アパカ　　　　ホテる　　ジュガ　　ムんジュアる
perangko ?
ブランコ

　　ホテルでは絵葉書を **Apakah hotél juga menjual**
　　売っていますか？
アパカ　　　　ホテる　　ジュガ　　ムんジュアる
kartu pos bergambar?
カルトゥ　ボス　ブルがんバール

③ 郵便局への行き方を **Tolong kasih tahu cara pergi ke**
教えて下さい。
トろン　　　カシ　　　タウ　　チャラ　ブルギ　ク
Kantor Pos.
カントール　ボス

〈郵便局にて〉

④ 航空便の速達でお願い **Tolong dengan pos udara**
します。
トろン　　　ドゥんがん　　ボス　　ウダラ
éksprés.
エックスプレス

⑤ 航空便（船便）でいく **Berapa ongkosnya dengan pos**
らですか？
ブラパ　　　オンコスニャ　　　ドゥんがん　　ボス
udara（pos laut）?
ウダラ　　（ボス　　らウ(ト)）

⑥ 日本へ小包を出したいのですが。

Saya mau mengirim pakét ke
サヤ　　マウ　　ムんギリ(ム)　　パケット　　ク

Jepang.
ジュパン

⑦ 中身は何ですか？

Apa isinya ?
アパ　イシニャ

割れ物ですか？

Barang pecah ?
バラン　　　プチャ

⑧ いいえ、違います。

Bukan.
ブカン

お土産です。

（Isinya） oléh-oléh.
（イシニャ）　　オれ　　オれ

★　解　説　★

① Kantor Pos：郵便局

② menjual（語根：jual）：売る、perangko：切手、kartu pos：（郵便）はがき、
　　kartu pos bergambar：（郵便）絵葉書

③ kasih tahu：教える、知らせる、cara pergi：行き方

④ pos udara：航空便、éksprés（kilat）：速達、急行

⑤ pos laut：船便

⑥ mengirim（語根：kirim）：送る、届ける、pakét：小包

⑦ isi：中身、中味、内容、barang pecah：割れ物

⑧ oléh-oléh：土産

9. ショッピング (1)

① お土産を買いたいので
すが。

Saya mau beli oléh-oléh.
サヤ　　マウ　　ブリ　　オれ　　オれ

安くて品物が揃った店
を知っていますか？

Apakah tahu toko yang murah
アパカ　　　タウ　　トコ　　ヤン　　　ムラ

dan lengkap ?
ダん　　るンカッ(プ)

② ○○を売っている店を
教えて下さい。

Tolong kasih tahu toko yang
トロン　　　カシ　　タウ　　トコ　　ヤン

menjual ○○.
ムンジュアる

③ 繁華街はどの辺です
か？

Pusat Perbelanjaan ada di
プサッ(ト)　プルブらんジャアん　　アダ　　ティ

sekitar mana ?
スキタル　　　マナ

④ ここからはどうやって
行きますか？

Bagaimana caranya pergi dari
バガイマナ　　　　チャラニャ　　プルギ　　ダリ

sini ?
シニ

⑤ 大きなデパートはどこ
ですか？

Dimana Toserba yang besar ?
ティマナ　　　トスルバ　　　ヤン　　ブサール

⑥ ここに免税店はありますか？

Apakah di sini ada toko bébas
アパカ　　　　ディ　シニ　　アダ　　トコ　　　ベバス

pajak ?
パジャッ(ク)

⑦ すみません、手芸品は何階ですか？

Maaf, barang kerajinan di lantai
マアフ　　バラン　　クラジなん　　　ディ　らんタイ

berapa ?
ブラパ

⑧ 6階です。

Di lantai enam.
ディ　らんタイ　　ウナ(ム)

★　解　説　★

① toko：店、murah：安い、lengkap：揃っている、dan：〜と〜、そして〔接続詞〕、

③ pusat：中心、中央、pusat perbelanjaan（語根：belanja）：買い物する店が集まったところ

④ bagaimana（＝how）：どのように、どうやって

⑤ Toserba（toko serba ada：何でも有りの店）：百貨店

⑥ bébas pajak：免税

⑦ barang kerajinan：手芸品、工芸品、lantai：〜階、フロア、床

10. ショッピング (2)

〈品選び〉

① 何をお探しですか？

Cari apa ?
チャリ　アパ

② ちょっと見ているだけ
です。

Cuma lihat-lihat saja.
チュマ　　　リハッ(ト) リハッ(ト) サジャ

③ あれを見せて下さい。

Tolong kasih lihat itu.
トロン　　　カシ　　　リハッ(ト) イトゥ

④ これは紳士用ですか？

Apakah ini untuk pria ?
アパカ　　　イニ　ウんトゥッ(ク)　プリア

⑤ 8歳の女の子のTシ
ャツを探しています。

Saya sedang cari kaos
サヤ　　スダン　　　チャリ　カオス
untuk anak perempuan
ウんトゥッ(ク) アナッ(ク) プルんプアん
umur delapan tahun.
ウムル　　　ドゥらパん　　　タウん

⑥ サイズが大き過ぎます。

Ukurannya terlalu besar.
ウクらんニャ　　　　トゥルらる　ブサール

サイズが小さ過ぎます。

Ukurannya terlalu kecil.
ウクらんニャ　　　　トゥルらる　クチる

⑦ 他のサイズ（色）は
ありますか？

Apakah ada ukuran（warna）
アパカ　　　アダ　ウクらん　　（ワルナ）
lain ?
らイん

⑧ もっと地味（派手）な
模様はありますか？

Apakah ada motif yang
アパカ　　　アダ　モティフ　ヤン
lebih sederhana（menyolok）?
るビ　　スドゥルハナ　　　（ムニョロッ（ク））

⑨ 高いですね。

Mahal ya.
マハる　　　ヤ

もっと、安いのはあり
ませんか？

Ada yang lebih murah ?
アダ　ヤン　　るビ　　ムラ

⑩ もう少し安くして下さ
い。

Tolong kasih murah sedikit.
トろン　　　　カシ　　ムラ　　　　スディキッ(ト)

⑪ 定価なので、値引きで
きません。

Ini harga pas. Tidak bisa ditawar.
イニ　ハルガ　　パス　ティダッ（ク）ビサ　　ディタワル

⑫ 試着してもいいですか?

Boléh saya coba ini ?
ボれ　　　サヤ　　チョバ　イニ

101

⑬ 試着室はどこですか？ **Dimana kamar pas？**
ディマナ　　　　カマール　　パス

⑭ どちらがいいですか？ **Mau yang mana？**
マウ　　ヤン　　マナ

⑮ 私にはどちらが似合い **Mana yang lebih cocok untuk**
ますか？ マナ　　　ヤン　　　るビ　　チョチョッ(ク)　ウントゥッ(ク)

saya？
サヤ

★　解　説　★

① cari〔mencari〕：探す、求める、探し求める
② lihat-lihat：見る、cuma ～ saja：単に～だ、ただ～だけ
④ pria：紳士、男性、（wanita：婦人、女性、anak-anak：子供）
⑤ sedang　cari：探しているところ、kaos：Ｔシャツ、untuk（＝for）：～用、
anak perempuan：女の子、（anak laki-laki：男の子）
⑥ ukuran：サイズ、terlalu：～過ぎる、besar：大きい、kecil：小さい
⑦ warna：色、lain：他の
⑧ lebih sederhana：もっと地味な/質素な/簡単な、lebih menyolok：もっと派手
な/目立つ/際立った
⑨ mahal：高い
⑩ kasih：与える ＋ murah：安い ＝ kasih murah：安くする
⑪ harga pas：定価、ditawar〔tawar の受動態〕：値切られる、値引きされる
⑫ coba：試す、試着する
⑬ kamar pas：試着室
⑮ lebih cocok：もっと似合う、untuk saya（＝for me）：私に

ミニ知識

インドネシアの有名なおみやげ

Hiasan meja	置き物、置き飾り
Hiasan dinding	壁飾り
Bonéka wayang	影絵人形、ワヤン人形
Batik	ろうけつ染めのジャワ更紗
Téh Melati	ジャスミン茶
Kipas	扇子
Topéng	お面
Ukiran kayu	木彫り
Ukiran batu	石彫り
Sarung	腰巻きの衣
Kain songkét	シルク地に金銀の糸を織り込んだ華やかな布
Tenunan	織物
Tenun Ikat	結び織り
Kerajinan perak	銀細工
Barang seni keramik	陶芸品
Keramik	陶器
Tembikar	土器
Porselén	磁器
Lukisan Bali	バリ絵画
Kerajinan rotan	藤で編んだ民芸品
Tas anyaman bambu	竹で編んだバッグ
Kerajinan tangan	民芸品
Bumbu gado-gado	ガドガドのピーナツソースの素
Bumbu ayam goréng	鳥のから揚げの素
Bumbu nasi goréng	チャーハンの素
Bumbu saté	サテのピーナツソースの素

11. ショッピング (3)

① これを二つ下さい。　　**Minta ini dua.**
　　　　　　　　　　　　ミンタ　イニ　ドゥア

② これと同じ色のものを　**Minta lima buah yang warnanya**
　 ５個下さい。　　　　　ミンタ　リマ　ブア　ヤン　ワルナニャ
　　　　　　　　　　　　sama dengan ini.
　　　　　　　　　　　　サマ　ドゥんがン　イニ

③ どのくらい買っていき　**Mau beli berapa banyak ?**
　 ますか？　　　　　　　マウ　ブリ　ブラパ　バニャッ(ク)

④ たくさん買うと、安く　**Kalau beli banyak, bisa dapat**
　 してもらえますか？　　カらウ　ブリ　バニャッ(ク)　ビサ　ダパッ(ト)
　　　　　　　　　　　　diskon ?
　　　　　　　　　　　　ディスこン

⑤ 三つ買えば、一枚差し　**Kalau beli tiga, dapat gratis satu.**
　 上げますよ。　　　　　カらウ　ブリ　ティガ　ダパッ(ト)　グラティス　サトゥ

⑥ レジはどこですか？　　**Kasir dimana ?**
　　　　　　　　　　　　カシル　ディマナ

⑦ 免税で買えますか？

Bisa beli bébas pajak ?
ビサ　　ブリ　　ベバス　　パジャッ(ク)

⑧ このカードを使えますか？

Bisa pakai kartu krédit ini ?
ビサ　　パカイ　　カルトゥ　クレディッ(ト)　イニ

⑨ 日本円（ドル）で払えますか？

Bisa bayar dengan uang Yén
ビサ　　バヤール　ドゥんガん　ウアン　イェん

(dolar) ?
（ドらル）

⑩ 計算が間違っていませんか？

Apakah tidak salah hitung ?
アパカ　　ティダッ(ク)　サらー　ヒトゥん

★　解　説　★

② sama dengan：〜と同じ

③ berapa banyak（＝how many）：(量) どのぐらい

④ kalau（＝if）：もし〜すれば、dapat diskon：ディスカウントしてもらう

⑤ dapat gratis：ただでもらう

⑥ kasir（＝cashier）：レジ

⑧ pakai（memakai）：使う、使用する

⑨ bayar：支払う、bayar dengan：〜で払う

⑩ salah：間違い、誤り、hitung：計算すること、salah hitung：計算違い

12. 食事 (1)

① お腹が空きましたか？　**Sudah lapar ?**
スダ　　　らパール

② はい、お腹が空きました。　**Ya, saya lapar.**
ヤ　サヤ　　らパール

まだお腹が空いていません。**Belum lapar.**
ブる(ム)　　　らパール

③ のどが渇きました。　**Saya haus.**
サヤ　　　ハウス

④ この近くにおいしくて、
安いレストランはあり
ますか？
Apakah di dekat sini ada
アパカ　　　ディ　ドゥカッ(ト)　シニ　　アダ
réstoran yang énak dan murah ?
レストらん　　ヤン　エナッ(ク)　だん　ムラ

⑤ この土地の名物料理を
食べてみたいのですが。
Saya mau coba makan
サヤ　　マウ　チョバ　マカん
masakan khas daérah sini.
マサカん　　　ハス　　ダエラ　　シニ

⑥ 屋台料理を食べてみますか？

Mau coba makan masakan warung?
マウ　チョバ　マカん　マサかん
ワルン

パダン料理を食べてみますか？

Mau coba makan masakan Padang?
マウ　チョバ　マカん　マサかん
パダン

⑦ 一緒に食事に行きましょう。

Mari kita pergi makan bersama.
マリ　キタ　プルギ　マカん　ブルサマ

⑧ 何を食べますか？

Mau makan apa?
マウ　マカん　アパ

⑨ 何でもいいわ。

Apa saja.
アパ　サジャ

お任せします。

Terserah anda.
トゥルスラー　アんダ

⑩ ○○を飲みます。 **Mau minum ○○.**
マウ　ミヌ(ム)

⑪ 辛い料理は大丈夫です
か？ **Bisa makan masakan pedas ?**
ビサ　　マカン　　マサカン　　　プダス

⑫ ええ、大丈夫ですよ。 **Ya, bisa (tidak apa-apa).**
ヤ　ビサ　(ティダッ(ク)　アパ　アパ)

⑬ あれば、辛くないもの
がいいのですが。 **Kalau ada, saya lebih suka yang**
カラウ　アダ　サヤ　るビ　スカ　ヤン
tidak pedas.
ティダッ(ク)　プダス

★　解説　★

① **lapar**：お腹が空いた
② **belum**：まだ～しない
③ **haus**：のどが渇く
④ **énak dan murah**：おいしくて安い
⑤ **khas**：特別の、独特の、名物の、**daérah**：地域、地方
⑥ **warung**：屋台、**masakan Padang**：パダン地方の料理
⑦ **makan bersama**：一緒に食べる
⑨ **apa saja**：何でも、**terserah**：任す、委ねる
⑪ **pedas**：辛い
⑬ **kalau ada**：もしあれば、**lebih suka**：～の方が好き、～よりも好き

13. 食 事 (2)

① メニューを見せて下さい。 **Tolong kasih lihat ménu.**
トロン　　カシ　　リハッ(ト)　メヌ

② ご注文をどうぞ。 **Silakan, mau pesan apa ?**
シらかん　　マウ　ブさん　　アパ

③ これはどんな料理ですか？ **Ini masakan apa ?**
イニ　マサカん　　　アパ

④ あまり辛くない料理はありますか？ **Ada masakan yang tidak terlalu**
アダ　マサカん　　ヤン　ティダッ(ク)　トゥルらる
pedas ?
プダス

⑤ おすすめの料理はどれですか？ **Masakan mana yang anda**
マサカん　　マナ　　ヤン　　アんダ
rékoméndasikan ?
レコメんダシカん

⑥ （メニューを指して）これを二つとファンタを二本下さい。 **Minta ini dua dan dua**
ミんタ　イニ　ドゥア　だん　ドゥア
botol Fanta.
ボトる　　ファんタ

⑦ バックソはあります
か？ **Ada bakso ?**
アダ　バッ(ク)ソ

⑧ ミ・ゴレンとサテを下
さい。 **Saya minta mi goréng dan saté.**
サヤ　　ミンタ　ミー ゴレン　　だん　サテ

⑨ チリソースを入れない
で下さい。 **Jangan pakai sambal.**
じゃんがん　　パカイ　　さんバる

⑩ もう一皿下さい。 **Minta satu piring lagi.**
ミンタ　　サトゥ　ピリン　　らギ

もう一本ビールを下さ **Minta satu botol bir lagi.**
い。 ミンタ　　サトゥ　ボトる　ビ(ル) らギ

★ 解説 ★

② **pesan**：(飲食) 注文する
⑤ **rékoméndasikan**（語根：**rekomendasi** = recommend）：すすめる、推薦する
⑥ **botol**：ビン、ボトル
⑦ **bakso**：牛肉つみれ入りラーメン
⑧ **mi goréng**：焼きそば、**saté**：インドネシア風串焼き
⑨ **jangan**：〔禁止を表すことば〕～しないで、～するな、**sambal**：ペースト状の
唐辛子調味料
⑩ **piring**：皿

14. 食 事 (3)

① お味はいかがですか？ **Bagaimana rasanya ?**
バガイマナ　　　　ラサニャ

② とてもおいしいです。 **Énak sekali.**
エナッ(ク)　スカリ

あまりおいしくないで **Tidak begitu énak.**
す。 ティダッ(ク)　ブギトゥ　エナッ(ク)

③ 辛いです。 **Pedas.**
プダス

甘いです。 **Manis.**
マニス

④ すみません、食べられ **Maaf, saya tidak bisa makan.**
ません。 マアフ　　サヤ　　ティダッ(ク)　ビサ　　マかん

⑤ 辛すぎます。 **Terlalu pedas.**
トゥルらる　　プダス

甘すぎます。 **Terlalu manis.**
トゥルらる　　マニス

⑥ 味はちょうどいいです。 **Rasanya pas.**
ラサニャ　　　　パス

⑦ 油っこいですね。 **Berminyak, ya.**
ブルミニャッ(ク)　ヤ

⑧ 肉が軟らかい（硬い）**Dagingnya empuk（keras）ya.**
ですね。　　　　　　ダギンニャ　　ウンプッ(ク)（クラス）　ヤ

⑨ お代わりいかがです **Mau tambah lagi ?**
か？　　　　　　　　マウ　タンバー　らギ

⑩ では、少しだけ。 **Ya, sedikit saja.**
　　　　　　　　　ヤ　スディキッ(ト) サジャ
　もう結構です。 **Sudah cukup.**
　　　　　　　　　スダ　　チュクッ(プ)

⑪ もうお腹がいっぱいで **(Perut) saya sudah kenyang.**
す。　　　　　　　　（プルッ(ト)）サヤ　スダ　クニャン

⑫ お勘定をお願いします。**Tolong minta bon.**
　　　　　　　　　　トろン　ミンタ　ボん

⑬ 私のおごりです。 **Saya traktir.**
　　　　　　　　　サヤ　トラ(ク)ティル

⑭ 別々で払います。 **Bayarnya pisah.**
　　　　　　　　　バヤールニャ　ピサ

（ ミニ知識 ）

インドネシアのおやつ

lemper（バナナ葉で包んで焼いた肉入りのもち米（焼きちまきの様なもの））、lumpia（春巻き）、kerupuk udang（えびせん）、kerupuk ikan（魚の揚げせんべい）、martabak manis（ピーナツ、チョコレート、砂糖、チーズなどお好みの物をはさんだ大きなパンケーキ）、martabak asin（辛口の酢タレに付けて食べるお好み焼き）、bubur kacang hijau（ココナッツミルクと黒砂糖で煮込んだ甘い緑色の豆のお粥）、bubur ketan hitam（煮込んだ黒いもち米に黒みつとココナッツミルクをかけて食べるお粥）、kolek pisang, kolek ubi（バナナかサツマイモが入ったココナッツミルクと黒砂糖で煮込んだ甘いお粥）、candil（黒砂糖のソースにもち米で作ったお団子を浮かべたおやつ）、és campur（かき氷）など。

★　解　説　★

① bagaimana：いかが、どう、**rasa**：味、感じ
⑦ berminyak（語根：minyak）：油を含む、油のついた、油っこい
⑧ daging：肉、empuk：軟らかい、keras：硬い
⑨ tambah：足す、追加、お代わり、**lagi**：また、もっと
⑫ bon：勘定書、伝票
⑬ traktir：〔口語〕おごる、もてなす
⑭ pisah：別れる、別々、**sendiri-sendiri, masing-masing**：個々、各自

15. 観光する

① 市内観光をしたいので
すが。
人気のツアーを紹介し
て下さい。

Saya ingin wisata dalam kota.
サヤ　　いんぎん　ウィサタ　　だら(ム)　　コタ
Tolong kasih tahu tur yang
トロン　　カシ　　タウ　　トゥル　ヤン
populér.
ポプれルル

② どこへ行きたいです
か？

Anda mau pergi kemana ?
アンダ　マウ　プルギ　クマナ

③ ○○を見に行きたいで
す。

Saya mau pergi melihat ○○.
サヤ　　マウ　プルギ　ムリハッ(ト)

④ バリ島の名所を教えて
下さい。

Tolong kasih tahu objék wisata
トロン　カシ　タウ　オブジェッ(ク)　ウィサタ
di Bali.
ディ　バリ

⑤ バスツアーはあります
か？

Apakah ada bis wisata ?
アパカ　　　アダ　ビス　ウィサタ

⑥ バスツアーの申し込み
はどこですか？

Dimana tempat mendaftar ikut
ディマナ　　トゥンパッ(ト)　ムんダフタール　イクッ(ト)
bis wisata ?
ビス　ウィサタ

⑦ 半日のコースはありますか？

Ada tur yang setengah hari ?
アダ　トゥル　ヤン　　ストゥンガー　　ハリ

⑧ 日本語のガイドが付くツアーはありますか？

Ada tur yang menyediakan guide
アダ　トゥル　ヤン　　ムニュディアカん　　ガイド
berbahasa Jepang ?
ブルバハサ　　　ジュパン

⑨ ツアーのパンフレットを下さい。

Boléh saya minta brosur tur ?
ボれ　　　サヤ　　ミンタ　　ブロスル　トゥル

★　解説　★

① ingin：～したい、ほしい〔mau より強い意味〕、wisata：旅行、観光、dalam kota：市内、tur：ツアー、populér：人気のある

④ objék wisata：旅行の名所、観光スポット

⑤ bis wisata：バスツアー

⑥ mendaftar（語根：daftar）：申し込む、登録する、ikut：ついて行く、参加する

⑦ setengah hari：半日

⑧ menyediakan（語根：sedia）：用意する、備える

⑨ brosur：パンフレット

16. 趣味、娯楽

① 趣味は何ですか？

Hobinya apa ?
ホビニャ　　アパ

② 私の趣味は歌うことです。
私の趣味は映画鑑賞です。

Hobi saya menyanyi.
ホビ　　サヤ　　ムニャニィ

Hobi saya menonton film.
ホビ　　サヤ　　ムノントン　　　フィる(ム)

③ カラオケに行こうか。

映画館に行こうか。

Ayo kita pergi ke Karaoké.
アヨ　　キタ　　プルギ　　ク　　カラオケ

Ayo kita pergi ke bioskop.
アヨ　　キタ　　プルギ　　ク　　ビオスコー(プ)

④ これはインドネシアのポップソングですか？
いい歌ですね。

Ini lagu populér Indonésia ?
イニ　　らグ　　ポプれル　　インドネシア

Lagunya bagus ya.
らグニャ　　バグス　　ヤ

⑤ 私はインドネシアの歌を知っています。

Saya tahu lagu Indonésia.
サヤ　　タウ　　らグ　　インドネシア

⑥ それなら一曲歌って。

Kalau begitu, ayo nyanyikan
カらウ　　ブギトゥ　　アヨ　　ニャニィカン

satu lagu.
サトゥ　　らグ

116

⑦ お上手ですね。

Wah, anda pandai menyanyi.
ワー　　アンダ　　パンダイ　　ムニャニィ

⑧ どんな音楽（映画）が
好きですか？

Jenis musik（film）apa yang
ジュニス　ムシッ（ク）（フィる(ム)）　アパ　ヤン
anda sukai ?
アンダ　スカイ

⑨ クラシック音楽が好き
です。

Saya senang musik klasik.
サヤ　　スナン　　ムシッ（ク）　クらッシッ（ク）

コメディー映画が好き
です。

Saya senang film komédi.
サヤ　　スナン　　フィる(ム)　コメディ

★　解　説　★

① **hobi**（＝hobby）：趣味
② **menyanyi**（語根：**nyanyi**）：歌う
③ **bioskop**：映画館
④ **lagu**：歌
⑥ **kalau begitu**：それでは、それなら、**ayo**：さあ、そら〔誘いかける、促すとき〕
⑧ **jenis**：種類、ジャンル、**musik**：音楽、**film / filem**：フィルム、映画
⑨ **musik klasik**：クラシック音楽、**komédi**：コメディー、お笑い

17. 情報を求める

① 道に迷いました。　　**Saya tersesat.**
サヤ　　　トゥルスサッ(ト)

② すみません、お聞きし　**Maaf, numpang tanya.**
たいのですが。　　　　マアフ　　ヌんパン　　　　タニャ

③ これは何通りですか？　**Ini jalan apa ?**
イニ　ジゃらん　アパ

④ ここはどこですか？　　**Disini dimana ?**
ディシニ　ディマナ

⑤ ○○スーパーは普段、　**Supermarket ○○ biasanya tutup**
何時に閉まるのです　　スプルマルクッ(ト)　　　　　　ビアサニャ　　　　トゥトゥッ(プ)
か？　　　　　　　　　**jam berapa ?**
ジャ(ム) ブラパ

〈ホテルのフロントにて〉

⑥ ホテルで汽車の切符を　**Apakah bisa pesan karcis keréta**
予約できますか？　　　アパカ　　　ビサ　　ブサん　　カルチス　クレタ
　　　　　　　　　　　dari hotél ?
ダリ　ホテる

⑦ ジョッグジャカルタ
へ行くのに、汽車と
飛行機でどちらが便
利ですか？

Untuk pergi ke Jogjakarta, mana
ウントゥッ(ク)　ブルギ　ク　ジョグジャカルタ　マナ
yang lebih praktis antara keréta
ヤン　るビ　プラクティス　アンタラ　クレタ
api dan pesawat ?
アピ　ダん　ブサワッ(ト)

⑧ 帰国のチケットの再
確認をお願いできま
すか？

Bisa tolong rékonfirmasi tikét
ビサ　トろン　レこんフィルマシ　ティケッ(ト)
pulang saya ?
ブらン　サヤ

★　解説　★

① tersesat（語根：sesat）：道に迷った
② numpang tanya：お尋ねしたいのですが、お伺いしたいのですが
⑤ biasanya：普通、普段、tutup：閉まる
⑥ karcis：切符、keréta（keréta api）：汽車
⑦ Jogjakarta（Jogja）：中部ジャワに位置し世界遺産であるボロブドール寺院の
　ある町、lebih praktis：〜より便利な、pesawat：飛行機
⑧ rékonfirmasi（＝reconfirm）：再確認、tikét pulang：帰りの航空券

18. 駅 で

① 切符売り場はどこです
か？
Dimana lokét karcis?
ディマナ　　ろケッ(ト)　カルチス

〈窓口にて〉

② ジャカルタからバンド
ンまで一等の往復切符
を一枚下さい。
Minta satu karcis pulang-pergi
ミんタ　　サトゥ　　カルチス　　プらン　　プルギ
kelas satu untuk Jakarta-
クらス　　サトゥ　　ウんトゥッ(ク)　　ジャカルタ
Bandung.
バんドゥン

③ 行きはいつですか？
Untuk pergi kapan?
ウんトゥッ(ク)　プルギ　　カぱん

帰りはいつですか？
Untuk pulang kapan?
ウんトゥッ(ク)　プらン　　　カぱん

④ 何名様ですか？
Untuk berapa orang?
ウんトゥッ(ク)　ブらパ　　オラン

⑤ 一人です。
Untuk satu orang.
ウんトゥッ(ク)　サトゥ　オラン

（○○人です。）
(○○ orang.)
オラン

⑥ 子供料金はいくらですか？

Berapa tarif untuk anak-anak ?
ブラパ　　　タリフ　ウントゥッ(ク)　アナッ(ク) アナッ(ク)

⑦ 一人で座れば大人と同じ料金です。

Kalau duduk sendiri tarifnya
カラウ　　ドゥドゥッ(ク)　スンディリ　　タリフニャ

sama dengan déwasa.
サマ　　ドゥんガン　　デワサ

〈駅員に尋ねる〉

⑧ バンドン行きは何番線から出ますか？

Keréta ke arah Bandung berangkat
クレタ　　ク　アラー　ばんドゥン　　ブランカッ(ト)

dari péron berapa ?
ダリ　　ぺロん　　ブラパ

⑨ 二階に上がって三番線です。

Naik ke lantai dua, péron nomor
ナイク　ク　らんタイ　ドゥア　ぺろん　　ノモル

tiga.
ティガ

⑩ すみません、あれはバンドン行きの汽車ですか？

Maaf, apakah itu keréta arah
マアフ　アパカ　　　イトゥ　クレタ　　　アラー

Bandung ?
ばんドゥん

121

⑪ 汽車はまだ来ていません。 **Keréta belum datang.**
クレタ　ブる(ム)　ダタン

〈乗車して〉

⑫ 通らせて下さい。 **Permisi, numpang léwat.**
プルミシ　ヌんパン　れワッ(ト)

⑬ すみません、この番号は私の座席のようですが。 **Maaf, sepertinya nomor ini kursi**
マアフ　スプルティニャ　ノモル　イニ　クルシ
duduk saya.
ドゥドゥッ(ク)　サヤ

★　解説　★

① **lokét karcis**：切符売り場の窓口
② **pulang-pergi**：帰り・行き（往復）、**kelas**：等級、階級、**kelas　satu**：一等、**Bandung**：西ジャワの首都
③ **kapan**：いつ
⑥ **tarif**：料金
⑦ **sama dengan**：～と同じ、**déwasa**：大人
⑧ **arah / jurusan**：方面、方向、～行き、**péron**：プラットホーム、～番線
⑨ **naik ke**：～へ上がる
⑫ **numpang léwat**：通らせてもらう
⑬ **kursi**：椅子、**duduk**：座る、**kursi duduk**：座席

19. 交通機関に乗る

① ○○モールに行きたいのですが。

Saya mau pergi ke ○○ Mall.
サヤ　　マウ　　プルギ　ク　　　　　モール

② ベチャに乗るといくらですか？

Kalau naik bécak berapa ?
カラウ　　ナイ(ク) ベチャッ(ク) ブラパ

③ バス停はどこですか？

Halte bis ada di mana ?
はるトゥ　ビス　アダ　ティ マナ

④ このバスは○○行きですか？

Apakah bis ini jurusan ○○ ?
アパカ　　　ビス　イニ　ジュルさん

⑤ ○○へ行くには何番のバスに乗ったらいいですか？

Kalau ke ○○, sebaiknya naik bis
カラウ　ク　　　　スバイ(ク)ニャ　ナイ(ク) ビス
nomor berapa ?
ノモル　　ブラパ

⑥ 運賃は誰に払うのですか？

Ongkosnya bayar ke siapa ?
オンコスニャ　　　バヤール　ク　シアパ

⑦ クネックに払うのです。 **Bayar ke kenék bis.**
バヤール　ク　クネッ(ク)　ビス

⑧ どこで降りればいいか 　　**Nanti tolong kasih tahu dimana**
　　後で教えて下さい。　　ナンティ　トロン　　カシ　　タウ　　ティマナ
　　　　　　　　　　　　　harus turun.
　　　　　　　　　　　　　ハルス　　トゥルん

⑨ ここで止めて下さい。 **Tolong berhenti di sini.**
トロン　　　ブルフンティ　ティ　シニ

⑩ 降ります。　　　　　 **Turun.**
トゥルん

★　解説　★

②bécak：三輪タクシー
③halte bis：バス停
⑤sebaiknya：〜するのが良い
⑦kenék：運賃集金係
⑧harus：〜しなければならない、〜すべきである、turun：降りる、下車する
⑨berhenti：止まる、ストップする

124

20. 体 調 **(1)**

① どうしましたか？　　**Kenapa ?**
クナパ

Ada apa ?
アダ　　アパ

② どこが痛いですか？　**Dimana yang sakit ?**
ティマナ　　　ヤン　　　　サキッ(ト)

③ お腹（頭）が痛いです。**Perut (kepala) saya sakit.**
プルッ(ト)　（クパら）　　　サヤ　　　サキッ(ト)

④ 下痢をしています。　**Saya buang-buang air.**
サヤ　　ブアン　　ブアン　　　アイル

Saya méncrét.
サヤ　　　メんチュレッ(ト)

⑤ 風邪をひきました。　**Saya masuk angin.**
サヤ　　　マスッ(ク)　あんぎん

⑥ 熱があります。　　　**Saya demam.**
サヤ　　ドゥマ(ム)

⑦ めまい（吐き気）が　　**Saya merasa pusing（mual）.**
します。　　　　　　　　サヤ　　　ムラサ　　　プシン　　　（ムアる）

⑧ 何回か吐きました。　　**Saya muntah beberapa kali.**
　　　　　　　　　　　　サヤ　　　ムんター　　　ブブラパ　　　　カリ

⑨ けがをしました。　　　**Saya terluka.**
　　　　　　　　　　　　サヤ　　　トゥルるカ

⑩ 体調が悪いです。　　　**Saya kurang énak badan.**
　　　　　　　　　　　　サヤ　　　クラン　　　エナッ(ク)　バダん

⑪ 食欲がありません。　　**Saya tidak ada nafsu makan.**
　　　　　　　　　　　　サヤ　　　ティダッ(ク)　アダ　ナフス　　マかん

⑫ 車酔いしました。　　　**Saya mabuk kendaraan.**
　　　　　　　　　　　　サヤ　　　マブッ(ク)　クんダラアん

★　解　説　★

② sakit：痛い

③ kepala：頭

④ buang-buang air（口語：méncrét / murus）：下痢する

⑤ masuk angin：風邪をひく

⑥ demam：熱、熱がある

⑦ pusing〔口語〕：めまいがする、頭痛がする、**merasa mual**：吐き気がする、

⑧ muntah：吐く、嘔吐、**beberapa kali**：何回かの、数回

⑨ terluka（語根：luka）：けがした、負傷した

⑩ kurang énak badan：体調/気分/具合が悪い

⑫ mabuk：酔う、kendaraan：乗り物（車）、mabuk kendaraan：車酔い

21. 体 調 (2)

① もう薬を飲みました
か？
Sudah minum obat ?
スダ　　　ミヌ(ム)　　オバッ(ト)

② はい、飲みました。
Ya, sudah saya minum.
ヤ　スダ　　　サヤ　　ミヌ(ム)

まだです。
Belum.
ブる(ム)

あとで。
Nanti.
ナンティ

③ 大丈夫ですか？
Tidak apa-apa ?
ティダッ(ク)　アパ　アパ

④ 具合はどうですか？
Bagaimana keadaan anda ?
バガイマナ　　　クアダあん　　　あんダ

⑤ はい、もう大丈夫です。
Ya, sudah tidak apa-apa.
サヤ　スダ　　　ティダッ(ク)　アパ　アパ

⑥ 腹痛はもう治りました
か？
Sakit perutnya sudah sembuh ?
サキッ(ト)　ブルッ(ト)ニャ　スダ　　　スンブ

⑦ 熱が下がりました。　　　**Panasnya sudah turun.**
　　　　　　　　　　　　　パナスニャ　　　スダ　　　トゥルん

⑧ もう病院に行きました　**Sudah pergi ke rumah sakit ?**
　か？　　　　　　　　　スダ　　　プルギ　ク　ルマ　　　サキッ(ト)

⑨ 医者から薬をもらいま　**Sudah　mendapat　obat　dari**
　した。　　　　　　　　スダ　　　　ムンダパッ(ト)　　　オバッ(ト)　　ダリ
　　　　　　　　　　　　Dokter .
　　　　　　　　　　　　ド(ク)トゥル

⑩ お大事に。　　　　　　**Jaga diri baik-baik ya.**
　　　　　　　　　　　　ジャガ　ディリ　バイク　バイク　ヤ

⑪ ゆっくり休んだ方がい　**Lebih baik anda istirahat.**
　いですよ。　　　　　　るビ　　　バイク　あンダ　イスティラハッ(ト)

★　解　説　★

① **obat**：薬、薬品
④ **keadaan**：(体の) 具合、調子、(物の) 状態、状況
⑥ **sembuh**：治った、回復した
⑦ **panas**：熱、熱い、暑い
⑧ **rumah sakit**：病院
⑨ **mendapat** (語根：**dapat**)：もらう、手に入る、得る、**dokter**：医者、医師
⑩ **jaga diri baik-baik**：体に気を付けて、お大事に
⑪ **istirahat**：休む、休憩する、安静する

128

22. 薬

① 頭痛薬はありますか？ **Apakah ada obat sakit kepala ?**
アパカ　　　　アダ　オバッ(ト) サキッ(ト) クパら

② 胃腸薬を買いたいです。**Saya mau beli obat sakit perut.**
サヤ　　　マウ　　ブリ　オバッ(ト) サキッ(ト) プルッ(ト)

③ 下痢止めの薬を買いた **Saya mau beli obat méncrét.**
いです。
サヤ　　　マウ　　ブリ　オバッ(ト) めんチュレッ(ト)

④ 薬局はどこにあります **Dimana ada apotik ?**
か？
ティマナ　　　アダ　アポティッ(ク)

⑤ 一日三回食後に飲んで **Minumlah　sehari　tiga　kali**
下さい。
ミヌ(ム)らー　　　　スハリ　　　ティガ　　カリ

　　　　　　　　　　 sesudah　makan.
　　　　　　　　　　 ススダ　　　　マカん

★　解　説　★

① obat sakit kepala：頭痛薬
② obat sakit perut：胃腸薬
③ obat méncrét：下痢止め
④ apotik / toko obat：薬局、薬店、ファーマシー
⑤ minumlah の -lah：前置語の命令を強める、語意を強める、sesudah makan：
　食後（sebelum makan：食前）

23. 忠告・約束・アドバイス

〈忠告〉

① 予めチケットを予約した方がいいです。

Lebih baik pesan tikét sebelum-nya.
るビ　バイ(ク)　プサン　ティケッ(ト)　スブるん
ニャ

② あそこへ行かない方がいいです。

Lebih baik jangan pergi ke sana.
るビ　バイ(ク)　じゃんがん　プルギ　ク　サナ

〈約束〉

③ 彼と明日会う約束をしました。

Saya janji bertemu dia bésok.
サヤ　じゃんじ　ブルトゥム　ディア　ベソッ(ク)

④ 彼女と夕食の約束があります。

Saya ada janji makan malam dengan dia.
サヤ　アダ　じゃんじ　マかん　マら(ム)
ドゥんがん　ディア

〈アドバイス〉

⑤ パスポートを忘れない
で。

Jangan lupa paspor.
ジャンガン　　るパ　　パスポル

⑥ 約束を忘れないでね。

Jangan lupa janjinya.
ジャンガン　　るパ　　ジャンジニャ

⑦ 私に電話することを忘
れないで。

Jangan lupa menélépon saya.
ジャンガン　　るパ　　ムネれポン　　　サヤ

★　解　説　★

① lebih baik（＝better）：～した方が良い、sebelumnya：前もって、予め
② lebih baik jangan：～しない方が良い
③ janji（berjanji）：約束する
⑤ lupa：忘れる

24. 注意する

① 気を付けてね。

Hati-hati ya ?
ハティ　ハティ　ヤ

② 騙されないように気を付けてね。

Hati-hati jangan sampai tertipu.
ハティ　ハティ　ジャンガン　サンパイ　トゥルティプ

③ 夜、一人でタクシーに乗る時は注意してね。

Waspada　kalau　naik　taksi
ワスパダ　　　　カラウ　　　ナイ(ク)　タ(ク)シ
sendirian malam hari.
スンディリアん　マら(ム)　　ハリ

④ スリやひったくりに気を付けてね。

Hati-hati dengan pencopét dan
ハティ　ハティ　ドゥんがン　　プんチョペッ(ト)　だン
tukang jambrét.
トゥカン　　ジャんブレッ(ト)

★　解説　★

② hati-hati jangan sampai：（〜しないように、〜しないために、〜ならないように）気を付ける
② tertipu（語根：tipu、口語：kena tipu）：騙される
③ waspada：注意する、警戒する、油断しない
④ hati-hati dengan：〜に気を付ける、pencopét：スリ、tukang jambrét：ひったくり

25. 困った時
盗難、事故、紛失

① 助けて！

Tolong！
トロン

② 手伝って下さい。

Bantulah saya.
バントゥらー　　サヤ

③ やりかたを教えて下さい。

Tolong ajari saya caranya.
トロン　　　アジャリ　サヤ　　　チャラニャ

④ 手伝っていただけますか？

Bisa minta bantuan？
ビサ　　ミンタ　　バントゥあん

⑤ パスポートをなくしました！

Saya kehilangan paspor！
サヤ　　　クヒらんがん　　　パスポル

⑥ 誰に知らせたらいいですか？

Saya　harus　melapor　kepada
サヤ　　　ハルス　　ムらポル　　　クパダ

siapa？
シアパ

⑦ 日本大使館に連絡して！

Hubungi　Kedutaan　Besar
フブんギ　　　　クドゥタアん　　　ブサール
Jepang !
ジュパン

日本領事館に連絡して！

Hubungi　Konsulat　Jepang !
フブんギ　　　コんスらッ(ト)　　ジュパン

⑧ カメラ（財布）を盗まれました！

Kaméra（dompét）saya dicuri !
カメラ　　　　　（どんペッ(ト)）　サヤ　　　ディチュリ

⑨ どうしたらいいですか？

Apa yang harus saya lakukan ?
アパ　ヤン　　　ハルス　　サヤ　　　らクかん

⑩ 急いでホテルマネージャーに連絡して！

Segera hubungi ménéjer hotél.
スグラ　　　　フブんギ　　　メネジュル　　ホテる

⑪ スリ！

Copét !
チョペッ(ト)

つかまえて！

Tangkap dia !
タンカッ(プ)　ディア

⑫ 早く警察に届けて！

Cepat　lapor　ke　polisi !
チュパッ(ト)　らポル　ク　　ポリシ

134

⑬ 誰かがケガをしました！

Ada seseorang yang terluka !
アダ　　ススオラン　　　ヤン　　トゥルるカ

⑭ 救急車を呼んで下さい！

Tolong panggil ambulans !
トろン　　　　パンギる　　　アンブらんス

警官を呼んで下さい！

Tolong panggil polisi !
トろン　　　　パンギる　　　ポリシ

★ 解説 ★

③ ajari（語根：ajar）：教える

⑤ kehilangan（語根：hilang）：なくす、失う、紛失

⑥ melapor（語根：lapor）：知らせる、報告する、通報する

⑦ hubungi（語根：hubung）：〜と連絡をとる、Kedutaan Besar Jepang（Kedubes Jepang）：日本大使館、Konsulat Jepang：日本領事館

⑧ dompét：財布、dicuri（語根：curi）：盗まれる

⑨ lakukan（語根：laku）：〜をする、行動する、行う

⑩ segera：急いで、直ちに、すぐ、すばやく

⑪ tangkap：捕まえる、捕える

⑫ cepat lapor：早く/急いで届ける、polisi：警察、警官

⑭ ambulans：救急車

4章

ビジネスで
使えるフレーズ

場面設定：
ある日本の企業の社員がビジネスパートナーを探すためにインドネシアに出張します。メンバーは佐藤（営業担当）、鈴木（企画担当）、高橋（技術担当）と山本（資材担当）の４人です。ここで紹介している会話例を参考にしていただければ幸いです。多少難しい単語、言い回しなどが出ていますが、覚えておくと便利です。

1. 空港で

〈ジャカルタのスカルノ・ハッタ国際空港にて出迎える〉

① ようこそいらっしゃいました。

Selamat datang.
スらマッ(ト)　ダタン

営業部長のスディです。

Saya Sudi, Kepala bagian
サヤ　　　スディ　　クパら　　バギアん
Penjualan.
プンジュアらん

こちらは技術担当のインドラです。

Ini Indra, dari bagian Téhnik.
イニ　インドラ　ダリ　バギアん　テフニッ(ク)

皆様にお会いできてうれしいです。

Senang berkenalan dengan
スナン　　　ブルクナらん　　　ドゥンガン
Bapak sekalian.
ババッ(ク)　　スカリアん

② どうもはじめまして。

Perkenalkan.
プルクナるかん

佐藤です。

Saya Sato.
サヤ　　　サト

メンバーをご紹介します。

Saya perkenalkan anggota
サヤ　　　プルクナるカン　　　アンゴタ
grup kami.
グルッ(プ)　カミ

企画担当の鈴木です。

Suzuki, dari bagian
スズキ　　　　ダリ　　　バギアん
Perencanaan.
プルんチャナアん

技術担当の高橋です。

Takahashi, dari bagian
タカハシ　　　　　　　ダリ　　　バギアん
Téhnik.
テフニッ(ク)

そして、資材担当の山本です。

Dan Yamamoto dari bagian
だん　　ヤマモト　　　　　　　ダリ　　　バギアん
Material.
マトゥリアる

どうぞよろしくお願いします。

Kami senang berkenalan
カミ　　　スナン　　　　プルクナらん
dengan Bapak.
ドゥんがん　　　ババッ(ク)

③ (ス)皆様、さっそくホ　　**Baiklah, mari kita berangkat**
テルへ移動しましょう。　バイ(ク)ら　　マリ　　キタ　ブランカッ(ト)

ke hotél.
ク　　ホテる

車2台で来ましたので、**Kami datang dengan dua mobil,**
どちらにでもどうぞ。　カミ　　ダタン　　　ドゥンガン　　ドゥア　モビる

silakan ... naik yang mana saja.
シらカン　　　　ナイ(ク)　ヤン　　マナ　　サジャ

④ (佐)ありがとうござい　**Terima kasih.**
ました。　　　　　　　トゥリマ　　カシ

お手数をかけました。　**Sudah merépotkan Bapak.**
スダ　　　ムレポッ(ト)かん　　パパッ(ク)

★ 解 説 ★

① bagian Téhnik / téknik：技術部、Bapak sekalian：皆様〔尊敬する意味で複数
の成人男性への呼びかけ〕

② anggota：メンバー、grup：グループ、団体、perencanaan（語根：rencana）：
企画、計画、bagian Material：資材部

2. ホテルでの歓迎会

① (ス)今夜ホテルのレストランで歓迎会を兼ねての夕食会を用意させて頂きました。

Malam ini di réstoran hotél, kami
マら(ム)　イニ　ティ　レストらん　　ホテる　　カミ
sudah menyiapkan acara makan
スダ　　　ムニィアッ(プ)かん　アチャら　マかん
malam untuk menyambut
マら(ム)　　ウんトゥッ(ク)　ムニャんブッ(ト)
kedatangan Bapak sekalian.
クダタんがん　　　　ババッ(ク)　スカりアん

② (佐)ええ、喜んで行きます。

Ya, dengan senang hati.
ヤ　ドゥんがん　スナン　　ハティ

③ (イ)では、ロビーでお待ちしております。

Kalau begitu, saya tunggu di lobi.
カらウ　　ブギトゥ　　サヤ　　トゥング　ディ　ろビ

〈パーティー〉

④ (ス)今夜はお集まりいただき、ありがとうございます。

Terima kasih atas kedatangan
トゥリマ　　カシ　　アタス　クダタんがん
para hadirin sekalian malam ini.
パら　　　ハディりん　スカりアん　　マら(ム)　イニ

遠い日本から来てくださった佐藤さん、鈴木さん、高橋さんと山本さんに歓迎の気持ちを込めて、夕食会を始めたいと思います。

Saya akan memulai acara makan
サヤ　　アカン　ムムライ　　アチャラ　マカン

malam ini, untuk menyambut
マラム　　　イニ　　ウントゥッ(ク)　ムニャんブッ(ト)

kedatangan pak Sato, pak Suzuki,
クダタんガン　　パッ(ク)サト　　パッ(ク)スズキ

pak Takahashi dan pak Yamamoto,
パッ(ク)タカハシ　　ダん　パッ(ク)ヤマモト

yang sudah jauh-jauh datang dari
ヤン　　スダ　　　ジャウ　ジャウ　ダタン　　ダリ

Jepang.
ジュパン

⑤ （佐）ありがとうございます、スディさん。

Terima kasih banyak, pak Sudi.
トゥリマ　　カシ　　バニャッ(ク)　パッ(ク)スディ

それでは皆様、グラスを手に取って、ご起立お願いします。

Bapak-bapak sekalian, saya
ババッ(ク)ババッ(ク)　スカリアん　　サヤ

mohon untuk berdiri dan
モホん　ウントゥッ(ク)　ブルディリ　　ダん

memegang gelas.
ムムガン　　　グラス

○○社と○○社の友好を祝して、乾杯!!

Untuk persahabatan ○○ dan ○○,
ウントゥッ(ク)　プルサハバタん　　　ダん

***Kampai* !!**
カンパイ

インドネシアの主な料理

nasi goréng（炒飯、チャーハン）、mi goréng（焼きそば）、bihun goréng（焼きビーフン）、ayam goréng（香辛料のきいた揚げ鶏肉）、ikan goréng（揚げ魚）、ikan panggang（焼き魚）、ikan bakar（炭火で焼いた魚）、tahu goréng（揚げ豆腐）、pisang goréng（揚げバナナ）、témpé goréng（揚げ納豆）、mi（麵）、mi bakso（牛肉つみれ入り塩味のラーメン）、mi pang-sit（ワンタン入りラーメン）、capcai（八宝菜）、kangkung ca（空芯菜炒め）、bubur（お粥）、bubur ayam（鶏肉が入ったお粥）、soto ayam（香辛料のきいた鶏肉のスープ）、babi guling（豚の丸焼）、sambal（ペースト状の唐辛子調味料）、nasi campur（白いご飯に肉類、魚介類、卵、野菜などの具を盛ったもの）、opor ayam（香辛料とココナッツミルクで煮込んだ鶏肉料理）、soto Madura（マドラ地方の内臓入りのココナッツミルク煮込みスープ）、saté（鳥、牛、山羊などのインドネシア風串焼き）、rendang（香辛料のきいたココナッツミルクに長時間煮込んだ牛肉料理。西スマトラの代表的な料理）、gado-gado（いんげん、もやし、キャベツ、揚げ豆腐など数種類のゆでた野菜で、香辛料のきいたピーナツソースをかけて食べるサラダ）など。

★ 解 説 ★

① malam ini：今夜、menyiapkan（語根：siap）：準備する、用意する、acara：～会、プログラム、makan malam：夕食、menyambut（語根：sambut）：歓迎する、kedatangan（語根：datang）：来訪

④ hadirin（語根：hadir）：出席者、来賓、para hadirin：ご出席の皆様、memulai（語根：mulai）：始める、開始する、jauh-jauh：遙々

⑤ berdiri：立つ、起立、memegang（語根：pegang）：持っている、gelas：コップ、グラス、persahabatan（語根：sahabat）：友好関係、友情

3. 会社訪問

〈スディ部長室にて〉

① (ス)皆さん、おはよう　**Selamat pagi Bapak-bapak.**
ございます。　　　　スらマッ(ト)　パギ　ババッ(ク)　ババッ(ク)

どうぞ、お掛けになっ　**Silakan duduk.**
て下さい。　　　　　シらかん　　　ドゥドゥッ(ク)

昨夜はよく眠れました　**Apakah semalam bisa tidur**
か？　　　　　　　　アパカ　　スマら(ム)　　ビサ　ティドゥール

　　　　　　　　　　nyenyak ?
　　　　　　　　　　ニュニャッ(ク)

② (佐)ええ、ぐっすり眠　**Ya, saya tidur nyenyak sekali.**
れました。　　　　ヤ　サヤ　ティドゥール　ニュニャッ(ク)　スカリ

③ (ス)こちらは営業部に　**Disini adalah bagian Penjualan.**
なります。　　　　ディシニ　アダら　　バギアん　　ブンジュアらん

私を含めて23人の従業　**Termasuk saya, ada dua puluh**
員が働いています。　トゥルマスッ(ク)　サヤ　　アダ　ドゥア　ブる

　　　　　　　　　　tiga orang karyawan yang
　　　　　　　　　　ティガ オラン　　カルヤワん　　ヤン

　　　　　　　　　　bekerja.
　　　　　　　　　　ブクルジャ

④ (佐)会社は設立何年目なのですか？

Perusahaan sudah berdiri berapa
ブルサハアン　　スダ　　ブルディリ　ブラパ
tahun ?
タウん

⑤ (ス)15年目になります。

Memasuki tahun ke lima belas.
ムマスキ　　　タウん　　ク　リマ　ブらス

⑥ (鈴)事前に頂いた会社案内を拝見しました。

Saya membaca brosur perusa-
サヤ　　ムんバチャ　　ブロスル　　ブルサ
haan yang kami terima sebelum-
ハアん　ヤン　カミ　トゥリマ　スブる(ム)
nya.
ニャ

最近の業績の伸びは、目を見張るものがありますね。

Kemajuan préstasi usaha akhir-
クマジュアん　　ブレスタシ　　ウサハ　　アヒル
akhir ini sangat mengagumkan
アヒル　イニ　さんガッ(ト)　ムんガグ(ム)カん
ya.
ヤ

★ 解 説 ★

① semalam：昨夜、tidur nyenyak：ぐっすり眠る、熟睡する
③ adalah：〜である、termasuk：〜を含めて、〜に入っている、karyawan：従業員、社員
④ berdiri：立っている
⑤ memasuki（語根：masuk）：〜に入る、tahun ke：〜年目
⑥ membaca（語根：baca）：読む、(kami) terima：(我々は)受け取る、受領する、sebelumnya：以前、〜の前に、kemajuan（語根：maju）：伸び、成長、進歩、préstasi usaha：業績、akhir‐akhir ini：最近、最新、mengagumkan（語根：kagum）：感心するもの、目を見張るもの

4. 工場見学

① (イ)これから敷地内の北側にある部品工場を案内させて頂きます。

Berikut ini saya akan mengantar
ブリクッ(ト) イニ サヤ　アカン　ムンガンタル
ke pabrik pembuatan komponén
ク　パブリッ(ク) ブンブアタん　　　コンポネん
yang ada di sebelah Utara kom-
ヤン　　アダ ディ スブら　　　ウタラ　　こん
pléks kantor.
プれッ(ク)ス カんトール

② (高)広いですね。

Wah, luas ya.
ワー　　るアス ヤ

面積はどのぐらいですか？

Berapa luasnya ?
ブラパ　　るアスニャ

③ (イ)約8000㎡です。

Kira-kira　delapan　ribu　méter
キラ　　キラ　　　ドゥらパん　　　リブ　　メートル
persegi.
プルスギ

工場は、その３分の１を占めています。

Dan sepertiganya luas pabrik.
ダん　スプルティガニャ　　　るアス　パブリッ(ク)

〈工場内〉

④ （ラ）工場長のラフマットです。

Saya Rahmat, Kepala Pabrik,
サヤ　　ラフマッ(ト)　クパら　　パブリッ(ク)

⑤ （佐）はじめまして。

Selamat siang.
スらマッ(ト)　シアン

⑥ （ラ）さっそくご案内します。

Segera saya antarkan.
スグラ　　サヤ　　アンタルかん

⑦ （山）一日の生産量はどのくらいになりますか？

Berapa jumlah produksi satu
ブラパ　　ジュんら　　プロドゥクシ　　サトゥ
hari ?
ハリ

⑧ （ラ）時期や部品によって異なりますが、全て合わせて約6000個です。

Jumlahnya berbéda menurut
ジュんら二ャ　　ブルベダ　　ムヌルッ(ト)
perioda dan komponén, tetapi
プリオダ　　ダン　　こんポネん　　トゥタピ
secara total kira-kira enam ribu
スチャラ　　トタる　　キラ　　キラ　　ウナ(ム)　　リブ
komponén.
こんポネん

これまでの取引で、お客様からは高い品質であるという評価を頂いています。

Dari transaksi selama ini, para
ダリ　　トランサクシ　　スらマ　　イニ　　パラ
pelanggan menilai produk kami
プらンがン　　ムニらイ　　プロドゥッ(ク)　　カミ
bermutu tinggi.
ブルムトゥ　　ティンギ

148

★　解　説　★

① pabrik：工場、pembuatan（語根：buat）：製造、製作、komponén：部品、di sebelah Utara：北側に、kompléks kantor：会社の敷地

② luas：（面積の）広い、広さ

③ méter persegi：平方メートル、sepertiga = satu pertiga：3分の1

④ kepala pabrik：工場長

⑦ jumlah：量、合計、jumlah produksi：生産量

⑧ berbéda：異なる、menurut perioda：時期による、secara total：合計的に、selama ini：これまでに、今までに、para pelanggan：お客様、クライアント、menilai（語根：nilai）：評価する、bermutu（語根：mutu）：品質を持つこと、tinggi：高い、bermutu tinggi：高品質、良質の

5. 打ち合わせ

〈見学を終えて、会議室にて〉

① (山)先ほどのご説明で一日の生産量は約6000個と伺いましたが。

Dari penjelasan tadi, saya dengar
ダリ　ブンジュらサン　タディ　サヤ　ドゥンガル
bahwa jumlah produksi satu hari
バ(フ)ワ　ジュんら　プロドゥクシ　サトゥ　ハリ
kira-kira enam ribu buah.
キラ　キラ　ウナ(ム)　リブ　ブア

主にどのような家電製品の部品として使われていますか？

Komponén　terutama　dipakai
こんポネん　　　トゥルウタマ　　　ディパカイ
untuk alat rumah tangga listrik
ウントゥッ(ク)　アらっ(ト)　ルマ　　　タンガ　　　リストリッ(ク)
yang seperti apa ?
ヤン　　スプルティ　アパ

② (ラ)一番多いのは、様々な製品のリモコンです。

Yang　paling　banyak　adalah
ヤン　　パリン　　バニャッ(ク)　アダら
untuk remote control berbagai
ウントゥッ(ク)　リモート　　コんトロる　ブルバガイ
peralatan.
プラらタん

③ (高)見本がありましたら、見せて頂けますか？

Kalau ada contohnya, bisa tolong
カらウ　アダ　チョんトニャ　　ビサ　トロン
diperlihatkan ?
ディプルリハッ(ト)かん

④ （イ）こちらになります。 **Ini contohnya.**
イニ　チョントニャ

⑤ （高）なかなか良い出来
ですね。 **Bagus sekali ya.**
バグス　スカリ　ヤ

⑥ （山）このリモコンの
原価はいくらぐらい
ですか？ **Harga pokok remote control ini**
ハルガ　ポコッ(ク)　リモート　　コントロる　イニ
kira-kira berapa ?
キラ　キラ　ブラパ

⑦ （イ）2万ルピアぐらい
だと思います。 **Saya pikir, kira-kira dua puluh**
サヤ　ピキール　キラ　キラ　ドゥア　プる
ribu Rupiah.
リブ　ルピア

★　解　説　★

① dari（＝from）, penjelasan：説明、tadi：さっきの、先ほどの、dengar：聞く、
伺う、buah：個〔単位呼称詞〕、terutama：主に、dipakai（語根：pakai）
untuk：〜に使われる
② yang paling banyak：一番多いの、adalah（＝is）：は、berbagai：様々な
③ contoh：見本、diperlihatkan（語根：lihat）：見せられる
⑥ harga pokok：原価

---

6. ランチタイム (1)

① (鈴)インドネシアにも社員食堂があるのですね？

Di Indonésia juga ada kantin
ディ インドネシア　　ジュガ　アダ　カンティん

pegawai ya ?
プガワイ　　　ヤ

② (イ)この食堂には5種類の定食を用意しています。

Kantin ini menyediakan lima
カンティん　イニ　ムニュディアかん　　　リマ

jenis makanan tetap.
ジュニス　マカなん　　　　トゥタッ(プ)

③ (佐)どれがおすすめですか？

Yang mana rékoméndasi Bapak ?
ヤン　　マナ　　レコメんダシ　　　ババッ(ク)

④ (ス)まず、5種類の内訳は、野菜と魚中心のスンダ料理、甘口のジャワ料理、辛口のパダン料理、洋風の定食、それと、インドネシアの麺料理です。

Baik, lima jenis itu terdiri
バイ(ク)　リマ　　ジュニス　イトゥ　トゥルディリ

dari masakan Sunda yang
ダリ　　マサかん　　　スんダ　　ヤン

mengutamakan sayuran dan
むングタマかん　　　　　サユらん　　　だん

ikan, masakan Jawa yang manis,
イかん　マサかん　　ジャワ　ヤン　マニス

masakan Padang yang pedas,
マサかん　　パダン　　ヤン　　プダス

masakan Barat, dan masakan
マサかん　　バラッ(ト)　だん　マサかん

mi Indonésia.
ミー　インドネシア

⑤（佐）パダン料理はどれくらい辛いですか？

Masakan Padang kira-kira
マサカん　　　パダン　　　キラ　キラ
sepedas apa ?
スプダス　　アパ

⑥（ス）我々にはあまり辛くないのですが、皆さんのお口に合いますかどうか（笑）。

Bagi kami tidak begitu pedas,
バギ　　カミ　　ティダッ(ク)　ブギトゥ　　プダス
tapi tidak tahu apakah cocok
タピ　ティダッ(ク)　タウ　　アパカ　　チョチョッ(ク)
dengan seléra Bapak.
ドゥんガン　スれラ　　ババッ(ク)

⑦（佐）それでは、私は辛い料理にします。

Oké, saya pilih masakan pedas.
オケー　サヤ　　ピリ　　マサカん　　　プダス

★　解　説　★

① kantin pegawai：社員食堂
② menyediakan（語根：sedia）：用意する、準備する、makanan tetap：定食
③ rékoméndasi（＝recommendation）：勧め、推薦
④ mengutamakan（語根：utama）：中心にする、重視する、masakan Barat：西洋料理
⑤ sepedas（語根：pedas）：～くらい辛い
⑥ tidak begitu pedas：そんなに辛くない、cocok dengan seléra：(味が)好みに合う、口に合う
⑦ pilih：選ぶ、選択する

7. ランチタイム (2)

① (鈴)この麺料理は、さっぱりしていておいしいですね。

Masakan mi ini rasanya segar
マサカん　　　ミー　イニ　ラサニャ　　スガル
dan énak ya.
だん　エナッ(ク)　ヤ

日本でも流行るかもしれないなあ。

Mungkin bisa populér juga di
ムンキん　　ビサ　　ポプれル　　ジュガ　ティ
Jepang.
ジュパン

② (高)私はジャワ料理ですが、このマイルドさは何を使っているからなんですか？

Masakan Jawa yang saya makan
マサカん　　ジャワ　ヤん　サヤ　マカん
ini pakai bumbu apa sehingga
イニ　パカイ　　ブんブ　　アパ　スヒンガ
rasanya tidak pedas ?
ラサニャ　　ティダッ(ク)　プダス

③ (イ)ココナッツミルクで煮込むからです。

Karena dimasak dalam santan
カルナ　　　ティマサッ(ク)　ダら(ム)　さんタん
kelapa.
クらパ

④ (高)そうですか！

おいしいですね。

Oh begitu !
オー　ブギトゥ
Énak ya.
エナッ(ク)　ヤ

⑤ (ス)佐藤さんのパダン
料理はどうですか？

Pak Sato, bagaimana masakan
パッ(ク)　サト　　バガイマナ　　　マサかん
Padangnya ?
パダンニャ

⑥ (佐)辛いです。

Pedas.
プダス

辛くて、大変です。

Pedas, saya tidak tahan.
プダス　　サヤ　　ティダッ(ク)　タはん

⑦ (イ)それもココナッツ
ミルクで長時間煮込ん
でいるのですけどね。

Padahal itu juga dimasak lama
パダはる　　イトゥ　ジュガ　ディマサッ(ク)　らマ
dalam santan kelapa.
ダら(ム)　　さんタん　　クらパ

⑧ (佐)本当ですか？

Ah ..yang betul ?
アー　ヤン　　ブトゥる

★　解　説　★

① segar：(味が)さっぱりした、mungkin：たぶん、populér：人気の、流行る
② yang saya makan：私が食べている〜、pakai bumbu apa：何の調味料を使うのですか
③ karena：〜だから、〜ので、というのは、dimasak（語根：masak）dalam：〜で煮込む、santan kelapa：ココナッツミルク
⑥ tidak tahan：耐えられない、我慢できない
⑦ padahal：であるが、itu juga：それも、あれも、dimasak lama：長時間煮込む

8. 同僚へのお土産

〈買い物に行く〉

① (佐)家族と同僚にお土産を買いたいです。

Saya ingin beli oléh-oléh untuk
サヤ　　インギン　ブリ　オれ　オれ　ウんトゥッ(ク)
keluarga dan teman kantor.
クるアルガ　　だん　トゥまん　カんトール

一番品物が揃っているお店はどこですか？

Dimana ada toko yang　barang-
ディマナ　　アダ　トコ　ヤん　　バラン
nya lengkap ?
ニャ　　るンカッ(プ)

② (イ)観光客向けの土産物のお店を知っていますよ。

Saya tahu toko suvenir untuk
サヤ　　タウ　トコ　スフニル　ウんトゥッ(ク)
turis.
トゥリス

よろしければ、私がお連れいたしましょうか。

Kalau mau, bisa saya antar.
カらウ　　マウ　　ビサ　サヤ　　アんタール

③ (高)それは助かります。**Wah, kami merasa tertolong.**
ワー　　カミ　ムラサ　　トゥルトロン

④ （佐）クレジットカード
　　は使えますか？

Apakah toko menerima kartu
アパカ　　　トコ　　　ムヌリマ　　　　カルトゥ
krédit ?
クレディッ(ト)

⑤ （イ）ええ、もちろん使
　　えます。
　　両替所も一階にありま
　　す。

Tentu saja bisa.
トゥントゥ サジャ　ビサ
Di lantai satu ada Money
ディ　らんタイ　　サトゥ　　アダ　　マニー
Changer.
チェンジャー

〈売り場にて品物を選ぶ〉

⑥ （高）おお、こんなに品
　　物があるとは。

Wah, begini banyaknya barang.
ワー　　　ブギニ　　　バニャッ(ク)ニャ　　　バラン

⑦ （イ）この店では、イン
　　ドネシアのあらゆる手
　　工芸品を扱っています。

Toko ini menjual berbagai
トコ　　　イニ　　　ムんジュアる　　　ブルバガイ
barang kerajinan seni Indonésia.
バラン　　　　クラジナん　　　スニ　　　インドネシア

〈店員さんに〉

⑧ (イ)日本人に人気のあるお土産品は何ですか？

Suvenir apa yang banyak dibeli orang Jepang？
スフニル　アパ　ヤン　バニャッ(ク)　ディブリ
オラン　ジュパン

⑨ (店員)アクセサリー用の木彫りの箱、ワヤン人形の付いたペン、バティックのハンカチ、財布、コースターなどが結構人気があります。

Misalnya, kotak ukiran untuk asésoris, péna wayang, saputa-ngan Batik, dompét dan alas gelas banyak dibeli.
ミサルニャ　コタッ(ク)　ウキらん　ウんトゥッ(ク)
アセソリス　ペナ　ワヤン　サプタ
んがん　バティッ(ク)　ドんペッ(ト)　ダん　アらス　グらス
バニャッ(ク)　ディブリ

値段もお手頃ですよ。

Harganya juga lumayan murah.
ハルガニャ　ジュガ　るマやん　ムラ

★ 解 説 ★

① **oléh-oléh**：お土産、**untuk keluarga**：家族(のため)に、**teman kantor**：会社の友達、同僚、**lengkap**：揃った
② **suvenir**：土産品、**turis**：観光客
③ **tertolong**（語根：**tolong**）：助かる
④ **menerima**（語根：**terima**）：受け取る
⑤ **lantai satu**：一階
⑦ **menjual**（語根：**jual**）：売る、扱う、**barang kerajinan seni**：手工芸品
⑨ **kotak**：箱、**ukiran**（語根：**ukir**）：彫刻細工、**saputangan**：ハンカチ、**dompét**：財布、**alas gelas**：コースター、**lumayan murah**：まあまあ安い

9. 帰 国

〈空港にて〉

① (佐)またインドネシア
に来るのを楽しみにし
ています。

Saya berharap untuk datang lagi
サヤ　　　ブルハラッ(プ)　ウんトゥッ(ク)　ダタン　　　らギ
ke Indonésia.
ク　インドネシア

② (高)インドネシア語を
もっとうまくしゃべれ
るように、一生懸命勉
強をします。

Supaya lebih pandai bicara
スパヤ　　　るビ　　パんダイ　　ビチャラ
bahasa Indonésia saya akan
バハサ　　インドネシア　　サヤ　　アカん
belajar lebih giat.
ブらジャール　るビ　　ギア(ト)

③ (イ)よかったら、これ
は私のメールアドレス
です。

Silakan, ini e-mail-address saya.
シらかん　　　イニ　イーメイ(る)　アドレス　　　サヤ

何かありましたら、
メールを下さい。

Kalau ada apa-apa, tolong kirim
カらウ　　　アダ　アパ　アパ　　トろン　　　キリ(ム)
mail.
メイ(る)

④ (高)わかりました。 **Baiklah.**
バイ(ク)ら

これは私のメールです。**Ini e-mail saya.**
イニ イーメイ(る) サヤ

⑤ (ス)皆さん、またの **Kami tunggu kedatangannya lagi.**
ご来訪をお待ちして カミ トゥング クダタんガンニャ らギ
おります。

旅のご無事を祈ります。**Kami do'akan semoga selamat di**
カミ ドアカん スモガ スらマッ(ト) ディ

perjalanan.
プルジャらナん

さようなら。 **Selamat jalan.**
スらマッ(ト) ジャらん

★ 解 説 ★

① saya berharap（語根：harap）untuk（＝I wish/hope）：～を望む、～を期待
する、datang lagi：再び来る
② supaya lebih pandai：もっと上手になるように、bicara：しゃべる、話す、
belajar：勉強する、学ぶ、学習する、lebih giat：より一生懸命に、熱心に
③ kalau ada apa-apa：何かあったら
⑤ do'akan（語根：do'a）semoga selamat：～無事であるように祈る、
di perjalanan（語根：jalan）：旅で

5章

5つの現地語で
話してみよう

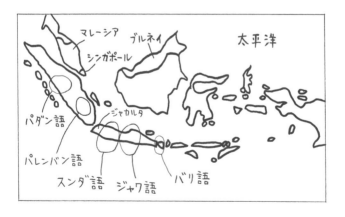

1 バリ語 (バリ島)

❶	私	**titiang**	ティティアン
❷	あなた	**ragané**	ラガネ
❸	彼/彼女	**ipun**	イプン
❹	はい。	**Inggih.**	インギー
❺	いいえ。	**Nénten / Tusing.**	ネんトゥん / トゥシン
❻	ようこそ。	**Rahajeng rauh.**	ラハジュン ラウ
❼	おはようございます。	**Rahajeng semeng.**	ラハジュン スムン
❽	こんばんは。	**Rahajeng wengi.**	ラハジュン うんギ
❾	お休みなさい。	**Rahajeng sirep.**	ラハジュン シルプ
❿	さようなら。	**Rahajeng memargi.**	ラハジュン ムマルギ
⓫	また会いましょう。	**Mogi-mogi mecun duk malih.**	モギモギ ムチュん ドゥッ(ク) マリ
⓬	今日、今	**mangkin**	マンきん
⓭	昨日	**dibi**	ディビ
	明日	**bénjang**	べんジャン
⓮	すみませんが…。	**Sugre... (tiang metakén).**	ス(グ)ル (ティアン ムタ ケん)
⓯	すみません。〔おわび〕	**Nunas ampura.**	ヌナス アンプル
⓰	失礼します。〔暇乞い〕	**Ngiring mepamit.**	んギリン ムパミッ(ト)
		Mapamit dumun.	マパミッ(ト) ドゥむん
⓱	お元気ですか？	**Punapi gatrané ?**	プナビ ガトラネ
⓲	元気です。	**Kénak-kénak.**	ケナッ(ク) ケナッ(ク)
⓳	ありがとう。	**Matur suksma.**	マトゥル スクスム

⑳	どういたしまして。	Suksma mewali.	スクスム ムワリ
㉑	おめでとうございます。	Rahajeng.	ラハジュン
㉒	何？	Napi?	ナピ
㉓	どこ？	Dija?	ディジュ
㉔	いつ？	Maléh pidan?	マれ ピダん
㉕	誰？	Sapa sira?	サプ シル
㉖	どうしたの？	Sapu napi?	サプ ナピ
㉗	どうやって？	Punapiang?	プナピアン
		Kénkén baan?	けんけん バアん
㉘	いくら？	Ajikuda?	アジクドゥ
㉙	～ある（いる）？	Wénten～?	ウェんトゥん
	ない（いない）。	Tén wénten.	テん ウェんトゥん
㉚	これは何ですか？	Niki napi?	ニキ ナピ
㉛	知りません。	Nénten uning/tén kenal.	ねんトゥん ウニン／テん クナる
㉜	わかりません。	Nénten ngerti.	ねんトゥん んグルティ
㉝	お名前は？	Sapa sira wastan né?	サプシル ワスタん ネ
㉞	どこから来ましたか？	Uling dija?	ウリン ディジュ
㉟	何が欲しい？	Dot napi?	ドッ(ト) ナピ
㊱	私はご飯を食べたい。	Tiang mekita madaar.	ティアン ムキトゥ ムダアル
㊲	お腹がすいた。	Titiang seduk.	ティティアン スドゥッ(ク)
㊳	のどが渇いた。	Titiang bedak.	ティティアん ブダッ(ク)

163

㉟	私はこれが欲しい。	**Titiang dot niki.**	ティティアン ドッ(ト)ニキ
㊵	できますか？	**Bisa？**	ビス
	できません。	**Tén bisa.**	てん ビス
㊶	どちらへ？	**Jagi lunga kija？**	ジャギ るんガ キジュ
㊷	あそこまで。	**Jagi lunga merika.**	ジャギ るんガ ムリク
㊸	一緒に行こうか？	**Ngiring lunga sareng-sareng.**	んギリン るんガ サルン サルン
㊹	家に帰る。	**Jagi budal.**	ジャギ ブダる
㊺	おいしい。	**Jaen.**	ジャウん
	おいしくない。	**Tén jaen.**	てん ジャウん
㊻	一ついくらですか？	**Ajikuda siki？**	アジクドゥ シキ
㊼	安い。	**Mudah.**	ムダ
	高い。	**Mael.**	マウる
㊽	なぜそんなに高いのですか？	**Dados mael gati？**	ダドス マウる ガティ
㊾	少し安くしてもらえますか？	**Tén dados kirang？**	てん ダドス キラン
㊿	どうぞ。	**Rarisang.**	ラリサン
51	少々お待ちください。	**Jantos jebos.**	ジャんトス ジュボス
52	食べてください。	**Rarisang ngajeng.**	ラリサン んガジュン
53	飲んでください。	**Rarisang minum.**	ラリサン ミヌム
54	座ってください。	**Rarisang melinggih.**	ラリサン ムリンギ
55	お入りください。	**Rarisang ngeranjing.**	ラリサン んグランジン
56	きれい。	**Jegég.**	ジュゲッ(ク)

	ハンサム。	**Bagus.**	バグス
❺❼	良い。	**Bagus.**	バグス
	悪い。	**Jelék.**	ジュれッ(ク)
❺❽	父	**ajik / bapa**	アジッ(ク) / バプ
	母	**biang / mémé**	ビアン / メメ
❺❾	男の人	**lanang**	ラナン
	女の人	**istri**	イストリ
❻⓪	子供	**alit-alit / anak cenik**	アリッ(ト)-アリッ(ト) / アナッ(ク) チュニク
❻❶	好き。	**Demen / Sing demen.**	ドゥムん / シン ドゥムん
❻❷	うれしい。	**Seneng.**	スヌン
❻❸	痛い。	**Gelem / Sungkan.**	グるム / スンカん

❶	私	abdi	アブディ
❷	あなた	anjeun	アンジュウン
❸	彼/彼女	anjeunna	アンジュウンナ
❹	はい。	Sumuhun / muhun.	スムフん / ムフん
❺	いいえ。	Sanés.	サネス
❻	ようこそ。	Wilujeung sumping.	ウィるジュン スンピン
❼	おはようございます。	Wilujeung énjing.	ウィるジュン エンジン
❽	こんばんは。	Wilujeung sonten.	ウィるジュン ソントゥん
❾	お休みなさい。	Wilujeung kuleum.	ウィるジュン クるウ（ム）
❿	さようなら。	Wilujeung angkat.	ウィるジュン アンカッ（ト）
⓫	また会いましょう。	Wilujeung pate-pang deui.	ウィるジュン パトゥパン ドゥイ
⓬	今日	dinten ieu	ディんトゥん イーユ
⓭	今	ayeuna	アユーナ
	昨日	kamari	カマリ
	明日	énjing	エンジン
⓮	すみませんが…。	Punten...(badé tumaros)	プんトゥん（バデトゥマロス）
⓯	すみません。〔おわび〕	Hapunten.	ハプんトゥん
⓰	失礼します。〔暇乞い〕	Badé permios heula.	バデ プルミオス フらー
⓱	お元気ですか？	Kumaha wartosna ?	クマハ ワルトスナ
		Kumaha damang ?	クマハ ダマン
⓲	元気です。	Saé.	サエ

⑲	ありがとう。	**Hatur nuhun / Nuhun.**	ハトゥル ヌフん／ヌフん
⑳	どういたしまして。	**Sami-sami.**	サミ サミ
㉑	おめでとうございます。	**Wilujeung.**	ウィるジュン
㉒	何？	**Naon ?**	ナオん
㉓	どこ？	**Di palih mana ?**	ディ パリー マナ
		Dimana?	ティマナ
㉔	いつ？	**Iraha ?**	イラハ
㉕	誰？	**Saha ?**	サハ
㉖	どうしたの？	**Kunaon ?**	クナオん
㉗	どうやって？	**Kumaha carana ?**	クマハ チャラナ
㉘	いくら？	**Sabaraha ?**	サバラハ
㉙	〜ある（いる）？	**Aya 〜?**	アヤ
	ない（いない）。	**Teu aya.**	トゥ アヤ
㉚	これは何ですか？	**Ieu naon ?**	イユ ナオん
㉛	知りません。	**Teu terang.**	トゥ トゥラン
㉜	わかりません。	**Teu ngartos.**	トゥんガルトス
㉝	お名前は？	**Saha namina ?**	サハ ナミナ
㉞	どこから来ましたか？	**Sumping ti mana ?**	スンピン ティマナ
㉟	何が欲しい？	**Hoyong naon ?**	ホヨン ナオん
㊱	私はご飯を食べたい。	**Abdi hoyong neuda.**	アブディ ホヨン ヌダ
㊲	お腹がすいた。	**Abdi lapar.**	アブディ らパール

167

㊳ のどが渇いた。	**Abdi haus.**	アブディ ハウ(ス)
㊴ 私はこれが欲しい。	**Abdi hoyong ieu.**	アブディ ホヨン イーユ
㊵ できますか？	**Tiasa ?**	ティアサ
できません。	**Teu tiasa.**	トゥ ティアサ
㊶ どちらへ？	**Badé angkat ka mana ?**	バデ アンカッ(ト) カ マナ
㊷ あそこまで。	**Badé ka ditu.**	バデ カ ディトゥ
㊸ 一緒に行こうか？	**Badé angkat sareng ?**	バデ アンカッ(ト) サルン
	Badé ngiring ?	バデ んギリン
㊹ 家に帰る。	**Uwih ka bumi.**	ウウィー カ ブミ
㊺ おいしい。	**Raos.**	ラオス
おいしくない。	**Teu raos.**	トゥ ラオス
㊻ 一ついくらですか？	**Hiji na sabaraha ?**	ヒジナ サバラハ
㊼ 安い。	**Mirah.**	ミラー(フ)
高い。	**Awis.**	アウィス
㊽ なぜそんなに高いのですか？	**Kunaon mani awis pisan ?**	クナオん マニ アウィス ピサん
㊾ 少し安くしてもらえますか？	**Tiasa dimirahkeun sakedik ?**	ティアサ ディミラー(フ)くん サクディッ(ク)
㊿ どうぞ。	**Mangga.**	マンガ
(51) 少々お待ちください。	**Antosan sakedap.**	アんトサん サクダッ(プ)
(52) 食べてください。	**Mangga tuang.**	マンガ トゥアン
(53) 飲んでください。	**Mangga dileueut.**	マンガ ディるウッ(ト)
(54) 座ってください。	**Mangga calik.**	マンガ チャリッ(ク)

⑤	お入りください。	**Mangga ka leubet.**	マンガ カ るブッ(ト)
⑤	きれい。	**Geulis.**	グリース
	ハンサム	**Kasép.**	カセッ(プ)
⑤	良い。	**Saé.**	サエ
	悪い。	**Teu saé.**	トゥ サエ
⑤	父	**apah /abah**	アパー / アバー
	母	**emih / ambu**	ウミー / あんブ
⑤	男の人	**pameget**	パムグッ(ト)
	女の人	**istri**	イストゥリ
⑥	子供	**murangkalih / barudak**	ムランカリー/バルダッ(ク)
⑥	好き。	**Resep.**	ルスッ(プ)
⑥	うれしい。	**Bingah.**	びんガー
⑥	痛い。	**Nyeri.**	ニュリー

3 ジャワ語 (中部ジャワ地方)

❶ 私	**kulo**	クロ
❷ あなた	**sampéan**	サンペアン
❸ 彼/彼女	**panjenenganipun**	パンジュヌンガニプン
❹ はい。	**Iyo / Nggih.**	イヨ/ンギー
❺ いいえ。	**Ora.**	オラ
❻ ようこそ。	**Wilujeung.**	ウィるジュン
❼ おはようございます。	**Wilujeung énjéng.**	ウィるジュン エんジェン
❽ こんばんは。	**Wilujeung weungi/ndalu.**	ウィるジュン ウェんギ/ んダる
❾ お休みなさい。	**Wilujeung saré.**	ウィるジュン サレ
❿ さようなら。	**Wilujeung tindak.**	ウィるジュン ティんダッ(ク)
⓫ また会いましょう。	Ngantos dumugi samangké.	んガんトス ドゥムギ サマンケ
⓬ 今日、今	**sakmeniko**	サックメニコ
⓭ 昨日	**wingi**	ウィんギ
明日	**bénjéng**	べんジェン
⓮ すみませんが…。	Nuwun sewu... (badé nyuwun kerso.)	ヌウん セウ (バデ ニュウん クルソ)
⓯ すみません。〔おわび〕	Nyuwun pangapunten.	ニュウん パんガプんトゥん
⓰ 失礼します。〔暇乞い〕	**Pareng.**	パルン
⓱ お元気ですか？	**Kepripun kabaré ?**	ケプリぷん カバレ
⓲ 元気です。	**Saé mawon.**	サエ マウォん
⓳ ありがとう。	**Matur nuwun.**	マトル ヌウん
⓴ どういたしまして。	**Sami-sami.**	サミ サミ

㉑	おめでとうございます。	**Wilujeung.**	ウィるジュン
㉒	何？	**Menopo ?**	ムノポ
㉓	どこ？	**Wonten pundi ?**	ウォんトゥん プんディ
㉔	いつ？	**Kapan ? / Dék nopo ?**	カパん / デッ（ク）ノポ
㉕	誰？	**Sinten ?**	シんトゥん
㉖	どうしたの？	**Kénging menopo ?**	ケんギん ムノポ
㉗	どうやって？	**Kados pundi ?**	カドス プんディ
㉘	いくら？	**Pinten / Piro ?**	ぴんトゥん / ピロ
㉙	～ある（いる）？	**Wonten～?**	ウォんトゥん
	ない（いない）。	**Mboten wonten.**	んボトゥん ウォんトゥん
㉚	これは何ですか？	**Meniko menopo ?**	ムニコ ムノポ
㉛	知りません。	**Mboten mangertos.**	んボトゥん マんゲルトス
㉜	わかりません。	**Mboten mangertos.**	んボトゥん マんゲルトス
㉝	お名前は？	**Asmanipun sinten ?**	アスマニプん シんトゥん
㉞	どこから来ましたか？	**Dumugi saking pundi ?**	デュムギ サキん プんディ
㉟	何が欲しい？	**Badé menopo ?**	バデ ムノポ
㊱	私はご飯を食べたい。	**Kulo badé dahar.**	クろ バデ ダハール
㊲	お腹がすいた。	**Kulo ngelih.**	クろ んグリー
㊳	のどが渇いた。	**Kulo ngelak.**	クろ んグらッ（ク）
㊴	私はこれが欲しい。	**Kulo badé meniko.**	クろ バデ ムニコ
㊵	できますか？	**Saget ?**	サグッ（ト）

	できません。	**Mboten saget.**	ンボトゥン サグッ(ト)
㊶	どちらへ？	**Badé tindak pundi？**	バデ ティンダッ(ク) プンディ
㊷	あそこまで。	**Dateng mriku.**	ダトゥン ムリク
㊸	一緒に行こうか？	**Badé tindak sinarengan？**	バデ ティンダッ(ク) シナルんガン
		Arep mélu？	アルッ(プ) メる
㊹	家に帰る。	**Wangsul.**	ワンスる
㊺	おいしい。	**Éco.**	エチョ
	おいしくない。	**Mboten éco.**	ンボトゥンエチョ
㊻	一ついくらですか？	**Siji regoné pinten？**	シジ ルゴネ ぴントゥん
㊼	安い。	**Murah.**	ムラー(フ)
	高い。	**Awis / Larang.**	アウィス / らラン
㊽	なぜそんなに高いのですか？	**Kenopo regoné larang tenan？**	クノポ ルゴネ らラン トゥナん
㊾	少し安くしてもらえますか？	**Saget dimurah ké sitik？**	サグッ(ト) ティムラー(フ)ケ シティッ(ク)
㊿	どうぞ。	**Monggo.**	モンゴ
51	少々お待ちください。	**Tenggo sekedap.**	トゥンゴ スクダッ(プ)
52	食べてください。	**Monggo dahar.**	モンゴ ダハール
53	飲んでください。	**Monggo ngunjuk.**	モンゴ んグんジュッ(ク)
54	座ってください。	**Monggo lenggah.**	モンゴ るンガー
55	お入りください。	**Monggo mlebet.**	モンゴ ムるブッ(ト)
56	きれい。	**Ayu.**	アユ
	ハンサム。	**Bagus.**	バグス

(57) 良い。	**Saé.**	サエ
悪い。	**Élék.**	エれッ(ク)
(58) 父	**bapak**	バパッ(ク)
母	**simbok**	シんボッ(ク)
(59) 男の人	**lanang**	らナン
女の人	**wadon**	ワドん
(60) 子供	**bocah-bocah**	ボチャー ボチャー
(61) 好き。	**Seneng.**	スヌン
(62) うれしい。	**Seneng.**	スヌン
(63) 痛い。	**Loro / Loronen.**	ろロ / ろロヌん

4 パレンバン語（南スマトラ地方）

❶	私	**aku**	アク
❷	あなた	**awak**	アワッ（ク）
❸	彼/彼女	**dio**	ティオ
❹	はい。	**Iyo.**	イヨ
❺	いいえ。	**Idak / Dak.**	イダッ（ク）/ダッ（ク）
❻	ようこそ。	**Selamet datang.**	スらムッ（ト）ダタン
❼	おはようございます。	**Selamet pagi.**	スらムッ（ト）パギ
❽	こんばんは。	**Selamet malem.**	スらムッ（ト）まる（ム）
❾	お休みなさい。	**Selamet tiduk.**	スらムッ（ト）ティドゥッ（ク）
❿	さようなら。	**Selamet jalan.**	スらムッ（ト）ジゃらん
⓫	また会いましょう。	**Sampé betemu lagi.**	さんペ ブトゥム らギ
⓬	今日	**hari ini**	ハリ イニ
	今	**sekarang**	スカラン
⓭	昨日	**kemarén**	クマレん
	明日	**bésok**	ベソッ（ク）
⓮	すみませんが…。	**Permisi... (numpang tanyo).**	プルミシ（ヌンパン タニョ）
⓯	すみません。〔おわび〕	**Minta maap.**	ミンタ マアップ
⓰	失礼します。〔暇乞い〕	**Permisi.**	プルミシ
⓱	お元気ですか？	**Apo kabar?**	アポ カバール
⓲	元気です。	**Baék-baék baé.**	バエッ（ク）バエッ（ク）バエ
⓳	ありがとう。	**Terimo kasih.**	トゥリモ カシ

⑳	どういたしまして。	Samo-samo.	サモ サモ
㉑	おめでとうございます。	Selamet.	スらムッ(ト)
㉒	何？	Apo?	アポ
㉓	どこ？	Dimano?	ティマノ
㉔	いつ？	Kapan?	カパん
㉕	誰？	Siapo?	シアポ
㉖	どうしたの？	Kenapo?	クナポ
㉗	どうやって？	Makmano caronyo?	マクマノ チャロニョ
㉘	いくら？	Berapo?	ブラポ
㉙	～ある（いる）？	Ado ～?	アド
	ない（いない）。	Dak ado / Dak katék.	ダッ(ク) アド / ダッ(ク) カテッ(ク)
㉚	これは何ですか？	Ini apo?	イニ アポ
㉛	知りません。	Dak tau / Dak kenal.	ダッ(ク) タウ / ダッ(ク) クナる
㉜	わかりません。	Dak ngerti.	ダッ(ク) んグルティ
㉝	お名前は？	Siapo namonyo?	シアポ ナモニョ
㉞	どこから来ましたか？	Dateng dari mano?	ダトゥん ダリ マノ
㉟	何が欲しい？	Nak minta apo?	ナッ(ク) ミんタ アポ
㊱	私はご飯を食べたい。	Aku nak makan.	アク ナッ(ク) マかん
㊲	お腹がすいた。	Aku lapar.	アク らパール
㊳	のどが渇いた。	Aku aus.	アク アウス
㊴	私はこれが欲しい。	Aku minta ini / Aku galak ini.	アクミんタイニ/アクがらッ(ク)イニ

❹	できますか？	Pacak ?	パチャッ(ク)
	できません。	Dak pacak.	ダッ(ク)パチャッ(ク)
❹	どちらへ？	Nak pegi ke mano ?	ナッ(ク) プギ ク マノ
❹	あそこまで。	Nak ke situ.	ナッ(ク) ク シトゥ
❹	一緒に行こうか？	Nak pegi samo-samo ?	ナッ(ク) プギ サモサモ
		Nak mélok ?	ナッ(ク) メロッ(ク)
❹	家に帰る。	Balék ke rumah.	バれッ(ク) ク ルマー
❹	おいしい。	Lemak.	るマッ(ク)
	おいしくない。	Dak lemak.	ダッ(ク) るマッ(ク)
❹	一ついくらですか？	Sikok berapo hargonyo ?	シコッ(ク) ブラポ ハルゴニョ
❹	安い。	Murah.	ムラー(フ)
	高い。	Mahal.	マハーる
❹	なぜそんなに高いのですか？	Kenapo mahal nian ?	クナポ マハーる ニアん
❹	少し安くしてもらえますか？	Pacak dimurahke dikit ?	パチャッ(ク) ディムラー(フ)ク ディキッ(ト)
❺	どうぞ。	Silakan.	しらかん
❺	少々お待ちください。	Tunggu denget.	トゥング ドゥングッ(ト)
❺	食べてください。	Silakan makan.	しらかん マカん
❺	飲んでください。	Silakan minum.	しらかん ミヌ(ム)
❺	座ってください。	Silakan duduk.	しらかん ドゥドゥッ(ク)
❺	お入りください。	Silakan masuk.	しらかん マスク
❺	きれい。	Cantik.	チャんティッ(ク)

	ハンサム。	**Cakep.**	チャクッ(プ)
⑰	良い。	**Bagus.**	バグス
	悪い。	**Buruk / Jelék.**	ブルッ(ク) / ジュれッ(ク)
⑱	父	**bapak / bak**	ババッ(ク) / バッ(ク)
	母	**emak**	エマッ(ク)
⑲	男の人	**lanang**	らナン
	女の人	**betino**	ブティノ
⑳	子供	**budak kecik**	フダッ(ク) クチッ(ク)
㉑	好き。	**Suko.**	スコ
㉒	うれしい。	**Seneng.**	スヌン
㉓	痛い。	**Sakit.**	サキッ(ト)

❶	私	awak / adén / ambo	アワッ(ク)／アデん／あんボ
❷	あなた	uda（男性）	ウダ
		uni（女性）	ウニ
		apak（年配男性）	アパッ(ク)
		amak（年配女性）	アマッ(ク)
❸	彼／彼女	inyo	イニョ
❹	はい。	Iyo.	イヨ
❺	いいえ。	Indak.	いんダッ(ク)
❻	ようこそ。	Salamek datang.	サらムッ(ク) ダタン
❼	おはようございます。	Salamek pagi.	サらムッ(ク) パギ
❽	こんばんは。	Salamek malam.	サらムッ(ク) マら(ム)
❾	お休みなさい。	Salamek tidua.	サらムッ(ク) ティドゥア
❿	さようなら。	Salamek jalan.	サらムッ(ク) ジゃらん
⓫	また会いましょう。	Sampai jumpo lai.	サンパイ ジュんポ らイ
		Sampai basuo lai.	サンパイ バスオ らイ
⓬	今日	hari iko	ハリ イコ
	今	kini	キニ
⓭	昨日	kapatang	カパタン
	明日	bisuok	ビスオッ(ク)
⓮	すみませんが…。	Pamisi... (numpang tanyo).	パミシ（ヌんパン タニョ）
⓯	すみません。〔おわび〕	Minta maaf / Mo'o.	ミんタ マアップ／モ(ッ)オ

⑯	失礼します。〔暇乞い〕	**Pamisi (assalamu'alaikum).**	パミシ (アッサラッムアらイクム)
⑰	お元気ですか？	**Apo kaba?**	アポ カバー
⑱	元気です。	**Bayik-bayik sajo.**	バイッ (ク) バイッ (ク) サジョ
		Élok-élok sajo.	エロッ (ク) エロッ (ク) サジョ
⑲	ありがとう。	**Tarimo kasiah.**	タリモ カシア
⑳	どういたしまして。	**Samo-samo.**	サモ サモ
㉑	おめでとうございます。	**Salamek.**	サらムッ (ク)
㉒	何？	**Apo?**	アポ
㉓	どこ？	**Dimano?**	ディマノ
㉔	いつ？	**Bilo?**	ビろ
㉕	誰？	**Siapo?**	シアポ
㉖	どうしたの？	**Kanapo?**	カナポ
㉗	どうやって？	**Bagaimano / Ba'a?**	バガイマノ / バ (ッ) ア
㉘	いくら？	**Barapo?**	バらポ
㉙	～ある（いる）？	**Ado ~?**	アド～
	ない（いない）。	**Indak ado.**	インダッ (ク) アド
㉚	これは何ですか？	**Ini / Iko apo?**	イニ / イコ アポ
㉛	知りません。	⎰ **Indak tau /**	⎰ インダッ (ク) タウ /
		⎱ **Indak kana.**	⎱ インダッ (ク) カナ
㉜	わかりません。	**Indak mangarti.**	インダッ (ク) マンガルティ
㉝	お名前は？	**Siapo / sia namonyo?**	シアポ / シア ナモニョ

㉞	どこから来ましたか？	**Datang dari mano ?**	ダタン ダリ マノ
㉟	何が欲しい？	**Nak minta apo ?**	ナッ(ク) ミンタ アポ
		Mau apo ?	マウ アポ
㊱	私はご飯を食べたい。	**Awak / Adén / Ambo nak makan.**	アワッ(ク) / アデン / あんボナッ(ク)マカん
㊲	お腹がすいた。	**Awak / Adén / Ambo lapa.**	アワッ(ク) / アデン / あんボらパー
㊳	のどが渇いた。	**Awak / Adén / Ambo hauwi.**	アワッ(ク) / アデン / あんボハウウィ
㊴	私はこれが欲しい。	**Awak / Adén / Ambo nak iko.**	アワッ(ク) / アデン / あんボナッ(ク) イコ
㊵	できますか？	**Biso / Dapék ?**	ビソ / ダペッ(ク)
	できません。	**Indak biso / Indak dapék.**	インダッ(ク)ビソ / いんダッ(ク) ダペッ(ク)
㊶	どちらへ？	**Nak pai kamano ?**	ナッ(ク) パイ カマノ
㊷	あそこまで。	**Pai kasitu / kasitan.**	パイ カ シトゥ / カシたん
㊸	一緒に行こうか？	**Nak pai samo-samo ?**	ナッ(ク) パイ サモサモ
㊹	家に帰る。	**Baliak ka rumah.**	バリアッ(ク) カ ルマー
㊺	おいしい。	**Lamak.**	らマッ(ク)
	おいしくない。	**Indak lamak.**	いんダッ(ク) らマッ(ク)
㊻	一ついくらですか？	**Ci'é barapo hargonyo ?**	チ(ッ)エ バラポ ハルゴニョ
㊼	安い。	**Murah.**	ムラー(フ)
	高い。	**Mahal.**	マハーる
㊽	なぜそんなに高いのですか？	**Kanapo mahal nian ?**	カナポ マハーる ニアん

㊹	少し安くしてもらえますか？	Biso dimurahkan sadikiék ?	ビソ ティムラー(フ)カ ん サティキエッ(ク)
㊿	どうぞ。	Silakan / Mari.	シらかん／マリ
51	少々お待ちください。	Tunggu sabanta.	トゥング サバんタ
52	食べてください。	Silakan / Mari makan.	シらかん／マリ マかン
53	飲んでください。	Silakan / Mari minum.	シらかン／マリ ミ ヌ (ム)
54	座ってください。	Silakan / Mari duduak.	シらかン／マリ ドゥド ゥアッ(ク)
55	お入りください。	Silakan / Mari masuak.	シらかん／マリ マスア ク
56	きれい。	Élok / Cantik.	エろッ(ク)／チャんティ ッ(ク)
	ハンサム。	Santiang.	サんティアン
57	良い。	Rancak.	らんチャッ(ク)
	悪い。	Buruak.	ブルアッ(ク)
58	父	apak / amak	アパッ(ク)
	母	ibu	アマッ(ク)／イブ
59	男の人	laki-laki / jantan	らキ らキ／ジャんタン
	女の人	padusi / wanito / batino	パドゥシ／ワニト／ バティノ
60	子供	anak-anak	アナッ(ク) アナッ(ク)
61	好き。	Suko.	スコ
62	うれしい。	Gambiro / Sanang.	がんビロ／サナン
63	痛い。	Sakiék / Kasakitan.	サキエッ(ク)／カサキたン

6 数字

	インドネシア語	バリ語	スンダ語	ジャワ語	パレンバン語	パダン語
0	Nol	Nol ノる	Nol ノる	Nol ノる	Nol ノる	Nol ノる
1	Satu	Besik ブシック	Hiji ヒジ	Siji シジ	Sikok シコック	Ci'é チッエ
2	Dua	Dua ドゥア	Duo ドゥオ	Duo ドゥオ	Duo ドゥオ	Dua ドゥア
3	Tiga	Telu トゥる	Tilu ティる	Telu トゥる	Tigo ティゴ	Tigo ティゴ
4	Empat	Papat パパット	Opat オパット	Papat パパット	Empat うんパット	Ampék あんペック
5	Lima	Lima リマ	Limo りモ	Limo りモ	Limo りモ	Lima リマ
6	Enam	Enam ウナム	Genep グヌップ	Genep グヌップ	Enem ウヌム	Anam アナム
7	Tujuh	Pitu ピトゥ	Tujuh トゥジュ	Pitu ピトゥ	Tujuh トゥジュ	Tujuah トゥジュア
8	Delapan	Kutus クトゥス	Dalapan だらパん	Wolu ウォる	Delapan ドゥらパん	Dalapan だらパん
9	Sembilan	Sia シア	Salapan さらパん	Songo ソンゴ	Sembilan すんびらん	Sambilan さんびらん
10	Sepuluh	Dasa ダサ	Sapuluh サプる	Sepuluh スプる	Sepuluh スプる	Sapuluah サプるア
100	Seratus	Satus サトゥス	Saratus サラトゥス	Seratus スラトゥス	Seratus スラトゥス	Saratuih サラトゥイ
1000	Seribu	Siu シウ	Sarébu サレブ	Séwu セウ	Seribu スリブ	Saribu サリブ
10000	Sepuluh ribu	Dasatali ダサタリ	Sapuluh rébu サプる レブ	Sepuluh séwu スプる セウ	Sepuluh ribu スプる リブ	Sapuluah ribu サプるア リブ

6章

基本文法

1 人称代名詞

一人称	私	**saya** (サヤ)	〔性、身分、職業を問わず、一般的に用いられる〕
	僕、俺、あたし	**aku** (アク)	〔身内、親しい仲、同等(以下)の人と話す場合に用いられる、少し乱暴な表現。年配の人、親、目上の人に対しては言わない〕
	私たち	**kami** (カミ)	〔話し相手を含まない〕
		kita (キタ)	〔話し相手を含む〕
二人称	あなた	**anda** (アンダ)	〔性を問わず用いられる無難な表現〕
		bapak/ibu (パパッ(ク))/(イブ)	〔年上、地位の高い男性/女性に対して、親しみと尊敬を表す語。省略形の **pak/bu** は呼びかけ用〕
		tuan (トゥアん)	〔英語の Mr. 〕
		nyonya (ニョニャ)	〔英語の Mrs. 〕
		nona (ノナ)	〔英語の Miss〕
	おまえ	**kamu** (カム), **kau** (カウ)	〔上記の aku と同じ感覚で用いられる〕

	君	**saudara** (ソウダラ)	〔男性に対して〕
		saudari (ソウダリ)	〔女性に対して〕
		kamu (カム)	〔親しい仲間同士〕
二人称	あなたがた	**anda sekalian** (あんダ スカリアん) bapak-bapak, ibu-ibu bapak dan ibu sekalian 〔英語の「ladies and gentlemen」〕 tuan-tuan, nyonya-nyonya, nona-nona	
	おまえたち	kalian (カリアん),	
	君たち、諸君	saudara-saudara, saudara-saudari, kamu sekalian 〔くだけた表現〕	
	皆様	saudara-saudara sekalian 〔性を問わない〕	

三人称	彼、彼女	**dia, ia** (ディア) (イア)	〔性を問わない〕
	あの方	**beliau** (ブリアウ)	〔偉い人、尊敬すべき人、地位の高い人に対して〕
	あの方々	beliau-beliau	
	彼ら、彼女ら	**meréka** (ムレカ)	

解説：

「bapak-ibu」はインドネシア人夫婦の一般的な呼びかけに対して、「tuan-nyonya」は有名人、外国人（場合によっては華僑の人も）に対して用いられます。

　例：Bapak-Ibu Hendarwan, Tuan-Nyonya Smith, など。

　なお、「bapak, ibu」両方が必ずしも地位の高い人に対してのみ用いられるとは限りません。見知らぬ人、初めて会う人、年配の人などに対して Bapak か Ibu を用いると無難です。

　呼びかけの表現として、運転手、ウェイター、店員などの20代ぐらいまでの男性に「**bung** (ブン), **bang** (バン), **mas** (マス)」を、同じように若い女性に「**mbak** (んバッ(ク)), **sus** (スッ(ス)), **non** (ノん)」を使います。呼びかけの「**dik** (ディッ(ク))」は、ウェイター、物売りなどの10代の子供に対して使います。

　また、日本語と同様に、医者への呼びかけは「Dokter」または「Dokter ○○」となります。

2 指示代名詞

これ、あれ

　インドネシア語の指示代名詞は、単数・複数による語形の変化や格変化はありません。

これ（ら） この こちら	**ini** （イニ）
それ（ら） あれ（ら） その あの そちら あちら	**itu** （イトゥ）
ここ	**sini** （シニ）
そこ	**situ** （シトゥ）
あそこ	**sana** （サナ）

(例)　これは机です。　　　　　 Ini méja.
　　　　　　　　　　　　　　　　イニ　メジャ

　　　この人は先生です。　　　 Orang ini guru.
　　　　　　　　　　　　　　　　オラン　　イニ　グル

　　　それは学校です。　　　　 Itu　sekolah.
　　　　　　　　　　　　　　　　イトゥ　スコら

ここにあります。	Ada di sini.
	アダ　ディ　シニ
あそこで食べます。	Makan di sana.
	マかん　　ディ　サナ

　なお、修飾関係は**DM** 法則〔**D: D**iterangkan（説明される）、**M: M**enerangkan（説明する）〕によって決まります。被修飾語は前で、修飾語は後ろにきます。

(例)　「日本人」	orang Jepang
	オらん　　ジュパン
	人　　　日本
「あの車」	mobil itu
	モびる　イトゥ
	車　　あの
「その高価な本」	buku mahal itu
	ブク　　マはる　　イトゥ
	本　　高価な　その
「寝る部屋（寝室）」	kamar tidur
	カマール　　ティドゥール
	部屋　　　寝る

3　所有代名詞

～の

　所有代名詞の表現方法は、DMの法則に従って人称代名詞を名詞の後に置きますが、三人称の単数形＜彼の、彼女の＞の場合、**-nya** が接尾されます。

（例）

「私の鉛筆」	Pénsil *saya.* ペンシる　サヤ
「あなたの奥さん」	Isteri *anda.* イストゥリ　アんダ
「私達の学校」	Sekolah *kita.* スコら　　　　キタ
「彼らの部屋」	Kamar *meréka.* カマール　　　メレカ
「彼（彼女）の家」	Rumah*nya.* ルマ　　　　ニャ

4 肯定文

　語順は、＜主語（名詞）＋動詞＋目的語（名詞・形容詞・補語）＞
になります。

	主語	動詞	目的語
①	Saya サヤ 私	makan マカん 食べる	nasi. ナシ ご飯
②	Dia ディア 彼		orang Jepang. オラン　ジュパン 人　　日本
③	Mobil itu モビる　イトゥ 車　　あの		besar. ブサル 大きい

①私はご飯を食べます。
②彼は日本人です。
③あの車は大きい。

5　否定文

・動詞や形容詞を否定する場合は、それらの前に「**tidak**」を置きます。

・名詞、代名詞を否定する場合は、それらの前に「**bukan**」を置きます。

	主語	否定詞	動詞	目的語
①	Saya サヤ 私	**tidak** ティダッ(ク)	makan マカん 食べる	nasi. ナシ ご飯
②	Dia ディア 彼	**bukan** ブカん		orang Jepang. オラン　ジュパン 人　　日本
③	Mobil itu モビる　イトゥ 車　　あの	**tidak** ティダッ(ク)		besar. ブサール 大きい

①私はご飯を食べません。

②彼は日本人ではありません。

③あの車は大きくない。

なお、「**tanpa**」は「なしに」という否定の意味で、後ろに名詞、動詞いずれが来ても OK です。

(例) 朝食なしで、ひと部屋を予約したいです。
　　　　Saya mau pesan satu kamar tanpa sarapan.
　　　　サヤ　　　マウ　　　ブさん　　サトゥ　カマール　　タんパ　　サラパん

　　　彼はドアをノックせずに入りました。
　　　　Dia masuk tanpa mengetuk pintu.
　　　　ディア　マスッ(ク)　タんパ　　ムんグトゥッ(ク)　ぴんトゥ

6　疑問文

疑問詞は、文頭、文中、文末のいずれにも用いられます。
疑問文は、いずれも最後のイントネーションが上がります。

何 apa アパ	これは何ですか？ Ini **apa**？　（Apa ini ?） イニ　アパ
誰 siapa シアパ	誰のですか、あの家は。 Rumah **siapa** itu ? ルマ　　　シアパ　イトゥ
どちら、どれ yang mana ヤン　マナ	君の鉛筆はどちらですか？ Pénsil kamu **yang mana** ? ペンシる　カム　　ヤン　　マナ
mana マナ	君の本はどれですか？ Buku kamu **mana** ? ブク　　カム　　マナ
どこに、どこで dimana ディマナ	どこで待っていますか？ Menunggu **dimana** ? ムヌング　　　ディマナ
どこへ kemana クマナ	どこへ行くのですか？ Pergi **kemana** ? プルギ　クマナ

どこから dari mana ダリ　マナ	彼女はどこから来ましたか？ Dia datang **dari mana** ? ディア　ダタン　　ダリ　　マナ
なぜ kenapa (mengapa) クナパ	なぜ来なかったのですか？ **Kenapa** tidak　datang ? クナパ　　　ティダッ(ク)　ダタン
何をしている sedang apa スダン　　アパ	君は何をしているのですか？ Kamu **sedang apa** ? カム　　スダン　　アパ
いくら berapa ブラパ	このカバンはいくらですか？ **Berapa** harga tas ini ? ブラパ　　ハルガ　　タス　イニ
いかが bagaimana バガイマナ	調子はいかがですか？ **Bagaimana** keadaan anda ? バガイマナ　　　クアダアン　　アんダ
いつ kapan カパん	いつ日本に帰りますか？ **Kapan** pulang ke Jepang ? カパん　　プらン　　ク　ジュパン
どのように bagaimana バガイマナ	どのように料理するのですか？ **Bagaimana** cara masaknya ? バガイマナ　　　チャラ　マサッ(ク)ニャ

194

　なお、インドネシア語では上記の疑問詞を使わないで、疑問文の
文頭で「**apakah**」を使うか、「**apakah**」を使わないで平叙文の
語順をとり、最後のイントネーションを上げて言うことができます。

　また、主語が一人称・二人称・三人称、または単数・複数に関係
なく表現することができます。

（例）　君はもう食べたのですか？

　　　　　　　Apakah kamu sudah makan ?

　　　　　　　　　　Kamu sudah makan ?

　　　その辞書は高いですか？

　　　　　　　Apakah kamus itu mahal ?

　　　　　　　　　　Kamus itu mahal ?

7 命令文

インドネシア語の命令文は通常、主語を省いた文型で動詞から始まります。いくつかの命令文は下記の通りです。

1 禁止する場合

動詞の前に「**Jangan(lah)**」を置きます。

(例)　騒いではいけません。

Jangan(lah) ribut !
ジャンガン(ら)　　　リブッ(ト)

2 すすめたり、許可を与えたりする場合

文頭に「**Silakan**」を置きます。

(例)　どうぞ、まず食べてください。

Silakan makan dulu !
シらかん　　マかん　　ドゥる

3 「〜してごらんなさい」という場合

文頭に「**Coba(lah)**」を置きます。

(例)　その窓を開けてごらんなさい。

Coba(lah) buka jendéla itu !
チョバ(ら)　　ブカ　ジュンデら　イトゥ

4 依頼する場合

文頭に「**Tolong, Minta tolong**」を置きます。(後者は「tolong」より丁寧です。)

(例)　私を市場まで送って下さい。

Tolong antarkan saya ke pasar.
トロン　　　アンタルかん　サヤ　ク　パサール

5　誘う場合

文頭に「**Mari(lah)**」を置きます。

(例)　帰りましょう。

Mari(lah) kita pulang !
マリ(ら)　　　キタ　プラン

　なお、命令文の動詞に小辞の「**-lah**」が接尾されると、その働きは命令文を強める場合と、やわらげる場合とがあります

(例)　座りなさい。

Duduk(**lah**) !
ドゥドゥッ(ク)(ら)

8　動詞の時制

　インドネシア語には時制による動詞の活用形はありません。動詞の前に副詞や時を表す語を入れて、現在形、過去形、未来形を表します。また、主語の一人称・二人称・三人称、もしくは単数・複数による語形にも変化がありません。

1　現在形
　　（例）私は勉強します。　　　　　　Saya belajar.
　　　　　彼は勉強します。　　　　　　Dia belajar.

2　過去形
　　（例）昨日、私は勉強しました。　**Kemarin** saya belajar.
　　　　　彼は（もう）勉強しました。　Dia **sudah*** belajar.
　　　*「sudah」の代わりに「telah」を使っても良いです。

3　未来形
　　（例）明日、勉強します。　　**Bésok**（akan, mau）belajar.**
　　　**「akan, mau」は未来を表す助動詞。（英語の will）

4　進行形
　　（例）私たちは勉強しています。Kami **sedang***** belajar.
　　　***「sedang」の代わりに「lagi」を使っても良いです。

5　その他
　　（例）まだ勉強していません。　　**Belum** belajar.
　　　　　まだ勉強している。　　　　**Masih** belajar.
　　　　　勉強したことがある。　　　**Sudah pernah** belajar.
　　　　　あとで勉強する。　　　　　**Nanti** akan belajar.

9 助動詞

a. 〜したい、〜したくない　<希望・願望>

<主語＋「**mau** か **ingin**」＋動詞＋目的語>で表します。

否定する時は、動詞の前に「**tidak mau** か **tidak ingin**」を置きます。

(例)　私は明日クタビーチに行きたい。

Bésok saya **mau** pergi ke pantai Kuta.
ベソッ(ク)　サヤ　マウ　プルギ　ク　パンタイ　クタ

私は今行きたい。

Saya **ingin**＊ pergi sekarang.
サヤ　いんぎん　プルギ　スカラン

私はビーチに行きたくない。

Saya **tidak mau** pergi ke pantai.
サヤ　ティダッ(ク) マウ プルギ　ク　パンタイ

＊ingin は mau よりも強い願望を表します。

b. 〜してもいいですか　<許可を求める>

<「**boléh**」＋主語＋動詞＋目的語>で表します。

(例)　写真を撮ってもいいですか？

Boléh saya ambil foto ?
ボれ　　　サヤ　アんビる　フォト

質問してもいいですか。

Boléh saya bertanya ?
ボれ　　　サヤ　ブルタニャ

c. （〜は）いけない　＜禁止する＞

　　＜主語＋「**tidak boléh**」＋動詞＋目的語＞で表します。

　　「**jangan(lah)**」は「〜しないように、〜しないで」、「だめです」、「〜するな」などを言う時に使います。

（「jangan」のその他の使い方は、「7. 命令文」を参照。）

（例）誰もが部屋でタバコを吸ってはいけない。

　　　　Siapapun tidak　boléh merokok di　kamar.
　　　　シアパプン　ティダッ(ク)ボれ　ムロコッ(ク)　ディ　カマール

　　　彼女は夜遅く帰ってはいけない。

　　　　Dia tidak　boléh pulang terlalu malam.
　　　　ディア　ティダッ(ク)ボれ　プらン　トゥルらる　マら(ム)

　　　心配してはいけない。（心配しないで）

　　　　Jangan(lah) kuatir.
　　　　ジャンがん(ら)　クアティル

　　　走ってはだめです！

　　　　Jangan lari !!
　　　　ジャンがん　らリ

　　　泣くな！

　　　　Jangan menangis !
　　　　ジャンがん　ムナンギス

d. 〜しなければいけない、〜する必要がある　＜当然、義務＞

　　＜主語＋「**harus** か **perlu**」＋動詞＋目的語＞で表します。

（例）今、帰らなければいけない。

　　　　Saya **harus** pulang sekarang.
　　　　サヤ　ハルス　プらン　スカラン

私たちは許可をとる必要がある。

　　Kita **perlu** minta izin.
　　キタ　　プルる　　ミンタ　　イジん

e. ～することができる、できない　＜可能、不可能＞

　　＜主語＋「**bisa**」＋動詞＋目的語＞で表します。

　　否定する時は動詞の前に「**tidak bisa**」を置きます。

　　その他、「**belum bisa**」を使って「まだできない」を表します。

（例）私はインドネシア語を少し話すことができます。

　　Saya **bisa** berbahasa Indonésia sedikit.
　　サヤ　　ビサ　　ブルバハサ　　　インドネシア　　スディキッ(ト)

私は豚肉が食べられません。

　　Saya **tidak**　**bisa** makan daging babi.
　　サヤ　　ティダッ(ク) ビサ　　マかん　　　ダギン　　　バビ

一人で行けますか？

　　Apakah **bisa** pergi sendiri ?
　　アパカ　　　ビサ　　ブルギ　　スんディリ

私はインドネシア語がまだ話せません。

　　Saya **belum bisa** berbahasa Indonésia.
　　サヤ　　ブる(ム)　ビサ　　ブルバハサ　　　インドネシア

f. ～してみる、ほとんど～しない、～したばかり

　　＜主語＋「**akan coba, hampir tidak pernah, baru saja**」＋
　　動詞＋目的語＞で表します。

（例）彼に電話してみる。

　　Saya **akan coba** télépon dia.
　　サヤ　　アかん　チョバ　テれぽん　　ディア

サンバルを食べてみる。

Saya **akan coba** makan sambal.
サヤ　　アカん　チョバ　マカん　　　さんバる

私はほとんど病気をしない。

Saya **hampir tidak pernah** sakit.
サヤ　　ハんビル　　ティダッ(ク)プルナ　サキッ(ト)

私は食べたばかりです。

Saya **baru saja** makan.
サヤ　　バル　　サジャ　マかん

g. 〜することが好きである

＜主語＋「**suka**」＋動詞＋目的語＞で表します。

（例）彼女は詩を書くことが好きです。

Dia **suka** menulis puisi.
ディア スカ　　ムヌリス　　ブイシ

お母さんはケーキを焼くのが好きです。

Ibu **suka** memasak kué.
イブ スカ　　ムマサッ(ク)　クエ

　否定する時は、＜主語＋「**tidak suka**」＋動詞＋目的語＞で表します。

（例）妹は絵を描くのが好きではない。

Adik　　**tidak**　　**suka** menggambar.
アディッ(ク)　ティダッ(ク) スカ　　ムンガんバル

h. ～するかもしれない

　　＜主語＋「**mungkin**」＋動詞＋目的語＞で表します。

（例）彼らは田舎に帰ったのかもしれない。

　　　　Mereka **mungkin** pulang ke kampung.
　　　　ムレカ　　　ムンキん　　　プらン　　ク　カンプン

　　　明日、僕らは映画を見に行くかもしれない。

　　　　Bésok　kita **mungkin** pergi menonton.
　　　　ベソッ(ク)　キタ　ムンキん　　　プルギ　ムノんトん

i. ～を下さい、～下さい、～して下さい

1　「**Tolong**」　（ものを注文する時）

　　（例）ビールを３本下さい。

　　　　Tolong minta tiga botol bir.
　　　　トろン　　　ミんタ　ティガ　ボトる　ビール

2　「**Tolong**」　（ものを買う時）

　　（例）郵便はがきを５枚下さい。

　　　　Tolong minta kartu pos lima helai.
　　　　トろン　　　ミんタ　カルトゥ　ポス　リマ　フらイ

3　「**Silakan**」　（ものをすすめる時）

　　（例）どうぞ飲んで下さい。

　　　　Silakan minum.
　　　　シらカん　　ミヌ(ム)

4　「**Tolong**」＋動詞＋「**-kan**」＋名詞

　　（ものを頼む時、請求する時など）

　　（例）メニューを見せて下さい。

　　　　Tolong perlihatkan daftar menu.
　　　　トろン　　　プルリハッ(ト)かん　ダフタル　メヌ

10 場所を示す前置詞

場所を示す主な前置詞は三つあります。

～で、～に **di** (ティ)	彼は会社で働いています。
	Dia bekerja ***di*** kantor.
	ディア ブクルジャ ディカントル
	私は大阪に住んでいます。
	Saya tinggal ***di*** Osaka.
	サヤ ティンガる ティ オサカ
～へ、～に **ke** (ク)	アニは学校へ行きます。
	Ani pergi ***ke*** sekolah.
	アニ ブルギ ク スコら
～から **dari** (ダリ)	彼は日本から来ました。
	Dia datang ***dari*** Jepang.
	ディア ダタン ダリ ジュパン

　上記の前置詞と下記の位置・方向を示す前置詞・副詞を組み合わせることができます。

(例)「上」　　　　**atas** (アタス)
　　　「上に」　　　di atas
　　　「上へ」　　　ke atas

「下」	**bawah** （バワ）
「下に」	di bawah
「下へ」	ke bawah

「前」	**depan** （ドゥパン）
「前に」	di depan
「前から」	dari depan

「後ろ」	**belakang** （ブらカン）
「後ろへ」	ke belakang
「後ろから」	dari belakang

「外」	**luar** （るアール）
「外へ」	ke luar

「中」	**dalam** （ダら（ム））
「中に」	di dalam

11 接続詞

と	**dan**	彼は車と家を持っている。 Dia mempunyai mobil dan <small>ディア　むんプニャイ　　モビる　　ダん</small> rumah. <small>ルマ</small>
が/けど/ しかし	**tetapi, namun, demikian**	日本には行きたいが、お金がない。 Saya mau ke Jepang tapi <small>サヤ　　マウ　　ク　ジュパン　　タピ</small> tidak ada uang. <small>ティダッ(ク)アダ ウアン</small>
または	**atau**	赤または青を選んで。 Pilihlah warna mérah atau <small>ピリ(フ)ら　　ワルナ　　メラ　　アタウ</small> biru. <small>ビル</small>
～なので、 ～だから	**karena-maka, karena-jadi**	雨なので、外に出かけない。 Karena hujan jadi tidak <small>カレナ　　フジゃん　ジャディ ティダッ(ク)</small> pergi keluar. <small>プルギ　くるアール</small>
なぜならば	**karena （sebab）**	あの日は欠勤した。なぜならば不幸 があったからだ。 Hari itu tidak ke kantor. <small>ハリ　イトゥ ティダッ(ク)　ク　カんトール</small> Karena ada kemalangan. <small>カルナ　　アダ　クマらんがん</small>

～の時	**waktu**	私が寝ている時に彼は来た。 Dia　datang　waktu　saya <small>ティア　　ダタン　　ワ(ク)トゥ　サヤ</small> sedang tidur. <small>スダン　　ティドゥール</small>
もし～なら	**kalau**	もし興味があるのなら、誘いますよ。 Kalau anda berminat, nanti <small>カらウ　　アんダ　ブルミナッ(ト)　ナンティ</small> saya ajak. <small>サヤ　　アジャッ(ク)</small>
～前に	**sebelum**	寝る前に歯をみがく。 Sikat　gigi sebelum tidur. <small>シカッ(ト)　ギギ　スブる(ム)　ティドゥール</small>
～後に	**sesudah**	食べた後に薬を飲む。 Minum obat sesudah makan. <small>ミヌ(ム)　オバッ(ト)　ススダ　マカン</small>
～間	**selama**	私が買い物をしている間、子供は車の中で待っている。 Selama saya belanja anak <small>スらマ　　サヤ　ブらんジャ　アナッ(ク)</small> menunggu di mobil. <small>ムヌング　　ティ モビる</small>
～して/ それから	**lalu/** **kemudian**	水浴びをして朝ご飯を食べる。 Saya mandi lalu makan pagi. <small>サヤ　　マんディ　らる　マカン　　パギ</small>
～しながら	**sambil**	テレビを見ながら食べる。 Sambil makan saya menonton <small>サんビる　マカン　　サヤ　ムノんトん</small> TV. <small>ティフィ</small>

〈付録〉

基本単語

数字の読み方　　　Track-64

0	Nol, kosong	30	Tiga puluh
1	Satu	40	Empat puluh
2	Dua	50	Lima puluh
3	Tiga	60	Enam puluh
4	Empat	70	Tujuh puluh
5	Lima	80	Delapan puluh
6	Enam	90	Sembilan puluh
7	Tujuh	100	Seratus
8	Delapan	200	Dua ratus
9	Sembilan	300	Tiga ratus
10	Sepuluh	400	Empat ratus
11	Sebelas	500	Lima ratus
12	Dua belas	1000	Seribu
13	Tiga belas	2000	Dua ribu
14	Empat belas	10,000	Sepuluh ribu
15	Lima belas	20,000	Duapuluh ribu
20	Dua puluh	100,000	Seratus ribu
21	Dua puluh satu	150,000	Seratus lima puluh ribu
22	Dua puluh dua		
23	Dua puluh tiga	500,000	Lima ratus ribu
24	Dua puluh empat	1,000,000	Satu juta
25	Dua puluh lima		

2 四季、月、曜日 Track-65

春	musim Semi
夏	musim Panas
秋	musim Gugur
冬	musim Dingin
1月	Januari
2月	Fébruari, Pébruari
3月	Maret
4月	April
5月	Méi
6月	Juni
7月	Juli
8月	Agustus
9月	Séptémber
10月	Oktober
11月	Novémber
12月	Désémber
月曜日	hari Senin
火曜日	hari Selasa
水曜日	hari Rabu
木曜日	hari Kamis
金曜日	hari Jum'at
土曜日	hari Saptu
日曜日	hari Minggu

3 時、年月日

朝	pagi
昼、正午	tengah hari, siang
夕方	soré, petang
夜	malam
午前	pagi, a.m.
午後	petang, soré, p.m.
今日	hari ini
昨日	kemarin
明日	bésok
今週	minggu ini
先週	minggu lalu
来週	minggu depan
今月	bulan ini
先月	bulan lalu
来月	bulan depan
今年	tahun ini
去年	tahun lalu
来年	tahun depan

4　街

街	kota
市場	pasar
商店街	daérah pertokoan
銀行	bank
郵便局	kantor Pos
交番	pos polisi
会社	kantor, perusahaan
工場	pabrik
学校	sekolah
大学	universitas
高等学校	Sekolah Menengah Atas (**SMA**)
中学校	Sekolah Menengah Pertama(**SMP**)
小学校	Sekolah Dasar(**SD**)
病院	Rumah Sakit(**RS**)
図書館	perpustakaan
映画館	gedung bioskop
博物館	museum
劇場	gedung sandiwara
動物園	kebun binatang
遊園地	taman hiburan
水族館	akuarium
美術館	musium seni
教会	geréja
公園	taman
モスク	mesjid
バス停	halte bis
バスターミナル	terminal bis

店	toko
喫茶店	café, kedai kopi
レストラン	réstoran
デパート	toserba
スーパー	pasar swalayan
食堂	kantin
露天商	kaki lima
屋台	warung
パン屋（ベーカリ）	toko roti dan kué
薬局	toko obat, apotik
本屋、書店	toko buku
床屋	barber, tukang pangkas
美容室	salon kecantikan
営業中	Buka
閉店	Tutup
男子トイレ	W.C. Pria
女子トイレ	W.C. Wanita
非常口	Pintu Keluar Darurat
開・閉	Buka — Tutup
押す・引く	Dorong — Tarik

6　観光、ホテル　Track-69

旅行代理店	agén perjalanan
観光旅行	wisata tamasya
団体旅行	wisata kelompok / grup
パッケージツアー	pakét wisata
ガイド	pemandu wisata, guide
通訳	penerjemah
レンタカー	mobil séwa
民宿風ホテル	losmén
フロント	front desk, penerima tamu
ロビー	lobi
荷物一時預かり所	tempat penitipan barang sementara
鍵	kunci
部屋番号	nomor kamar
シングルルーム	kamar single
ツインルーム	kamar twin
ダブルルーム	kamar double
貴重品	barang-barang berharga
チップ	tip, persén
税込み	termasuk pajak
ボーイ	pesuruh, pelayan
ポーター	porter, kuli
サービス	pelayanan
食事付き	termasuk makan
予約	réservasi, pesan kamar / pesan tempat

7 買い物

買い物	belanja
お土産	oléh-oléh, cenderamata
プレゼント	hadiah, kado
贈り物	bingkisan
安売り、セール	jual murah
値段	harga
バーゲン	obral
ディスカウント	diskon
雑誌	majalah
漫画	komik
人形	bonéka
おもちゃ	mainan
クリスマスカード	kartu Natal
○○カード	kartu ○○
カメラ	kaméra
フィルム	film
ネガ	klise
現像	cuci film
焼き増し	afdruk, cétak ulang
地図	péta
辞書	kamus

8 乗り物、駅

Track-71

乗り物	**kendaraan**
飛行機	**kapal terbang, pesawat**
タクシー	**taksi**
市内バス	**bis kota**
自転車	**sepéda**
自動車	**mobil**
バイク	**sepéda motor（motor）**
レンタカー	**mobil séwa**
トラック	**truk**
スクーター	**skuter**
交通事故	**kecelakaan lalu lintas**
パトカー	**mobil patrol**
救急車	**ambulans**
消防車	**mobil pemadam kebakaran**
駅	**stasiun**
待合室	**ruang tunggu**
切符売り場	**lokét karcis**
片道の切符	**karcis sekali jalan**
往復の切符	**karcis pulang pergi**
キャンセル	**kénsel / batal**
汽車	**keréta api**
電車	**keréta listrik**
ホーム	**péron**
1番線	**péron satu**
時刻表	**jadwal keréta**

9 空港、港

空港	bandara, airport
国際空港	bandara internasional
入国管理局	imigrasi
税関	pabéan
免税店	toko bébas pajak
入口	pintu masuk
出口	pintu keluar
売店	kios
国際線	jalur internasional
国内線	jalur doméstik
直行便	penerbangan langsung
乗り継ぎ	transit
出発	keberangkatan
到着	kedatangan
手荷物	bagasi tangan
航空券	tikét pesawat
搭乗券	pas naik
ビザ	visa
パスポート	paspor
旅券番号	nomor paspor
座席	tempat duduk
港	pelabuhan
客船	kapal penumpang
舟	perahu

10 街の案内板、方向 Track-73

案内所	Penerangan
案内板	papan petunjuk
禁煙	Dilarang Merokok
使用中	Sedang Dipakai
工事中	Ada Perbaikan
横断禁止	Dilarang Menyeberang
駐車禁止	Dilarang Parkir
撮影禁止	Dilarang Memotrét
使用禁止	Dilarang Pakai
立ち入り禁止	Dilarang Masuk
注意	Awas
危険	Bahaya
止まれ	Stop, Berhenti
一方通行	Jalan Satu Arah
両面通行	Jalan Dua Arah
行き止まり	Jalan Buntu
東	Timur
西	Barat
南	Selatan
北	Utara
左	kiri
右	kanan
上	atas
下	bawah
前	depan
後ろ	belakang

銀行、郵便、電話

銀行	**bank**
両替所	**tempat tukar uang, money changer**
お金	**uang**
お札、紙幣	**uang kertas**
金貨、コイン	**uang logam, koin**
小銭	**uang kecil（récéh）**
おつり	**uang kembali**
小切手	**cék**
両替	**tukar uang**
円	**Yén**
ルピア	**Rupiah**
ドル	**Dollar**
通帳	**buku tabungan**
口座番号	**nomor rékening bank**
キャッシュカード	**kartu bank**
クレジットカード	**kartu krédit**
免税	**bébas pajak**
無料	**gratis, tanpa bayar, cuma-cuma**
有料	**dengan bayar**
サービス料	**ongkos pelayanan**
絵葉書	**kartu pos bergambar**
切手	**perangko**
国際電話	**télépon internasional**
公衆電話	**télépon umum**
テレフォンカード	**kartu télépon**

12 家族、人々

家族	keluarga
父	ayah（bapak）
母	ibu
兄	kakak laki-laki
弟	adik laki-laki
姉	kakak perempuan
妹	adik perempuan
夫	suami
妻	isteri
息子	putera（anak laki-laki）
娘	puteri（anak perempuan）
祖父	kakék
祖母	nénék
孫	cucu
親、両親	orang tua
夫婦	suami—isteri
親戚	sanak saudara, famili
大人	dewasa
子供	anak
赤ちゃん	bayi
男、男の人	laki-laki, orang laki-laki
女、女の人	perempuan, orang perempuan
男の子	anak laki-laki
女の子	anak perempuan
独身	bujangan
結婚している	sudah menikah
恋人	pacar, kekasih

職業	profési
仕事	pekerjaan
会社員、従業員	pegawai kantor, karyawan
OL	karyawati
学生	pelajar
教師	guru, pengajar
技術者	insinyur
技師	téknisi
医者	dokter
看護師	perawat
警察官	polisi
芸能人	artis
歌手	penyanyi
主婦	ibu rumah tangga
弁護士	pengacara
運転手	pengemudi, supir
商人、売り手	pedagang
店員	pelayan toko
ウェイター	pelayan réstoran
お手伝いさん	pembantu
職場	tempat kerja
県庁	Kantor Gubernur
市役所	Kantor Walikota
警察署	Kantor Polisi
郵便局	Kantor Pos
工場	pabrik
新聞社	perusahaan surat kabar
テレビ局	stasiun TV

14 食事

食事	makan
朝食	makan pagi, sarapan
昼食	makan siang
夕食	makan malam
外食	makan di luar
軽食	makanan ringan
おやつ	makanan kecil, snack
中華料理	masakan Cina
日本料理	masakan Jepang
インドネシア料理	masakan Indonésia
西洋料理	masakan Barat
食べ物	makanan
ご飯	nasi
麺	mi
パン	roti
卵	telur
おかず	lauk-pauk
肉	daging
鶏肉	daging ayam
牛肉	daging sapi
豚肉	daging babi
魚	ikan
カニ	kepiting
えび	udang
イカ	cumi-cumi
サンドイッチ	sandwich
スープ	sop

飲み物	**minuman**
ソフトドリンク	**minuman ringan**
コーラ	**coca cola**
若いココナッツのジュース	**és kelapa muda**
ミックスジュース	**jus campur**
オレンジジュース	**jus jeruk**
レモンジュース	**jus jeruk nipis**
マンゴージュース	**jus mangga**
アボカドジュース	**jus alpukat**
ミルク、牛乳	**susu**
紅茶	**téh**
ホットコーヒー	**kopi panas**
ホットティ	**téh panas**
アイスティ	**téh és**
氷	**és batu**
お水	**air putih, air, Aqua** （ペットボトル入りの水）
お湯	**air panas**
お酒類	**minuman keras** （**minuman beralkohol**）
ビール	**bir**
赤ワイン	**anggur mérah**
白ワイン	**anggur putih**
ウィスキー	**wiski**
カクテル	**koktél**
焼酎	**arak**
バリ焼酎	**arak Bali**

16 果物、菓子、野菜 Track-79

果物	buah-buahan
パパイア	pepaya
ドリアン	durian, durén
マンゴー	mangga
パイナップル	nanas
ランブタン	rambutan
グァバ	jambu
デュク	duku
サラック	salak
マンゴスティーン	manggis
スターフルーツ	belimbing
ジャックフルーツ	nangka
りんご	apel
みかん	jeruk
バナナ	pisang
ケーキ	kué
クッキー	kué kering
あめ	permén
野菜	sayur-sayuran
じゃがいも	kentang
にんじん	wortel
キャベツ	daun kol
玉ねぎ	bawang bombay
きゅうり	ketimun / timun
トマト	tomat

17 調味料、味

調味料	**bumbu masak**
砂糖	**gula**
塩	**garam**
こしょう	**lada / merica**
しょう油	**kécap asin**
甘口ソース	**kécap manis** (大豆で作られたとろみのある甘口しょう油)
酢	**cuka**
ココナッツ油	**minyak kelapa**
ジャム	**selai**
マーガリン、バター	**margarin, mentéga**
トマトケチャップ	**saus tomat**
味	**rasa**
おいしい	**énak, lezat, sedap**
おいしくない	**tidak énak**
辛い	**pedas**
塩辛い	**asin**
酸っぱい	**asam**
甘い	**manis**
苦い	**pahit**
油っこい	**berminyak**
硬い	**keras**
やわらかい	**empuk, lembut**

18 住居

Track-81

家	rumah
部屋	kamar
客間、応接間	kamar tamu
居間	kamar duduk
寝室	kamar tidur
台所	dapur
一階、二階	lantai satu, lantai dua
お風呂場	kamar mandi
お手洗い	kamar kecil
トイレ	W.C., kakus, toilét
戸、ドア	pintu
窓	jendéla
電気	listrik
ガス	gas
水道	saluran air lédeng
家具	perabot
椅子	kursi
机、テーブル	méja
ソファ	sofa
棚	lemari
洋服ダンス	lemari pakaian
本棚	lemari buku
食器棚	lemari makan
カーテン	gordén (tirai)
カレンダー	kalénder
ゴミ	sampah
ゴミ箱	kotak sampah

19 家庭用品

〈食器〉	
皿	piring
お椀、茶わん	mangkuk
スプーン	séndok
フォーク	garpu
ナイフ	pisau
コップ	cangkir
グラス	gelas
はし	sumpit
〈電気製品〉	
魔法びん	térmos
炊飯器	penanak nasi listrik, raiskuker
オーブン	oven
冷蔵庫	kulkas, lemari és
電子レンジ	microwave
掃除機	alat penghisap debu, vakum kliner
テレビ	televisi, TV
扇風機	kipas angin
エアコン	AC
洗濯機	mesin cuci
〈寝具〉	
ベッド	tempat tidur
シーツ	sepréi
毛布	selimut
枕	bantal

20 衣類（服）

衣類（服）	pakaian, baju
ズボン	celana
半ズボン	celana péndék
スカート	rok
ワイシャツ	keméja
Tシャツ	kaos
長袖	tangan panjang
半袖	tangan péndék
ブラウス	blus
ワンピース	baju terusan
ジーンズ	jins
ジャケット	jakét
背広（スーツ）	setélan jas
ネクタイ	dasi
帽子	topi
下着	baju dalam
パジャマ	piyama
靴下	kaos kaki
公式服	pakaian resmi
水着	baju renang
カイン・クバヤ	kain ― kebaya （民族衣装のセット。腰巻の衣とブラウスにショール）

指輪	cincin
ネックレス	kalung
イヤリング	anting-anting
ブローチ	bros
金	emas
銀	pérak
プラチナ	platina
ダイヤモンド	permata, berlian
真珠	mutiara
アクセサリー	aksésori
財布	dompét
腕時計	jam tangan
メガネ	kacamata
カバン	tas
ベルト	ikat pinggang
ネクタイピン	jepit dasi
ハンカチ	sapu tangan
傘	payung
タバコ	rokok
チョウジ入りタバコ	rokok krétték
マッチ	korék api
ライター	pementik api, lighter
靴	sepatu
サンダル	sandal

22 化粧品、日用品 Track-85

化粧品	kosmétik
化粧水	tonik penyegar
乳液	krim pelembab
ファンデーション	alas bedak
口紅	lipstik
アイシャドウー	perona mata
ヘアトニック	tonik rambut
マニキュア	cat kuku, kutéks
洗顔料	sabun pencuci wajah / muka
香水	parfum, minyak wangi
日用品	barang keperluan sehari-hari
ヘアブラシ	sikat rambut
かみそり	silét
歯ブラシ	sikat gigi
歯磨き粉	odol (pasta gigi)
バスタオル	handuk mandi
フェイスタオル	handuk kecil
シャンプー	shampo
石鹸	sabun
アイロン	seterika
アイロン台	papan seterika

色	warna
赤	mérah
青	biru
黄色	kuning
緑	hijau
黒	hitam
白	putih
紫	ungu
茶色	coklat
灰色	abu-abu
オレンジ	oranye, jingga
ピンク	merah muda, pink
紺	biru tua
水色	biru muda
ベージュ	krém
材料・素材	bahan
木綿	katun
絹	sutera
麻	rami
ウール	wol
革	kulit
ナイロン	nilon

24 芸術、スポーツ

絵、絵画	gambar, lukisan
彫刻	ukiran, pahatan
音楽	musik
楽器	alat musik
歌	lagu
ポップソング	lagu pop
ピアノ	piano
バイオリン	biola
ガメラン	gamelan
民族舞踊	tarian rakyat
伝統舞踊	tarian tradisional
スポーツ	olah raga, sports
競技、試合	perlombaan, pertandingan
サッカー	sépak bola
バドミントン	bulutangkis
バレーボール	bola voli
バスケットボール	bola baskét
水泳	renang
競走	lomba lari
卓球	tennis méja, ping-pong
陸上競技	pertandingan atlétik
武道・護身術	seni béla diri
勝つ	menang
負ける	kalah
インドネシア伝統的護身術	pencak silat （ぺんチャッ（ク）シラート）

宗教	agama
神	Tuhan
信仰	kepercayaan
信じる	percaya
祈り	do'a
祈る	berdo'a, sembahyang
聖コラン	Kitab Suci Al Qur'an
聖書	Kitab Injil
礼拝	sembahyang, ibadah
牧師、神父	pastor, pendéta Katolik
洗礼	baptis
キリスト教	agama Kristen
カトリック教	agama Katolik
プロテスタント教	agama Protéstan
イスラム教	agama Islam
ヒンズー教	agama Hindu
仏教	agama Budha
教会	geréja
モスク（イスラム教寺院）	mesjid
断食月	bulan puasa（bulan Ramadhan）

26 人の体

顔	wajah, muka
目	mata
耳	kuping / telinga
鼻	hidung
口	mulut
歯	gigi
体	badan
頭	kepala
首	léhér
のど	tenggorokan
胸	dada
腕	lengan
腹	perut
背中	punggung
腰	pinggang
足	kaki
手	tangan
指	jari
内臓	organ tubuh dalam
血	darah
胃	lambung
腸	usus
肺	paru-paru
心臓	jantung
盲腸	usus buntu
肝臓	hati
腎臓	ginjal
性器	alat kelamin

27 病院

病院	Rumah Sakit (**R.S.**)
総合病院	**R.S. Umum**
救急病院	**R.S. Gawat darurat**
医院	**klinik**
診察	**periksa**
治療	**pengobatan**
注射	**suntikan**
点滴	**infus**
検査	**pemeriksaan laboratorium**
手術	**operasi**
血液型	**golongan darah**
輸血	**transfusi darah**
消毒	**stérilisasi**
病室	**kamar pasién**
医療保険	**asuransi keséhatan**
内科	**bagian penyakit dalam**
外科	**bagian bedah**
小児科	**bagian anak-anak**
産婦人科	**bagian kebidanan dan kandungan**
眼科	**bagian mata**
耳鼻咽喉科	**bagian T.H.T.** (telinga, hidung, tenggorok)
歯科	**bagian gigi**
包帯	**perban**
ガーゼ	**kain kasa**

28　病気、薬　Track-91

心臓病	sakit jantung
糖尿病	sakit kencing manis
癌	kanker
高血圧	tekanan darah tinggi
低血圧	tekanan darah rendah
貧血	kurang darah
ぜんそく	asma
気管支炎	bronkitis
はしか	campak
水ぼうそう	cacar air
盲腸炎	sakit usus buntu
赤痢	diséntri
マラリア	malaria
エイズ	aids
肺炎	radang paru-paru
肝炎	radang hati
骨折	patah tulang
捻挫	keseléo
アレルギー	alergi
薬	obat
頭痛薬	obat sakit kepala
下痢止め	obat méncrét
酔い止め	obat mabuk
解熱剤	obat penurun panas
鎮痛剤	obat penghilang sakit
風邪薬	obat masuk angin
胃腸薬	obat sakit perut / lambung

29 病状

痛い	sakit
めまい（がする）	merasa pusing
頭痛	sakit kepala
歯痛	sakit gigi
腹痛	sakit perut
食／水当たり	salah makan / minum
食中毒	keracunan makanan
下痢	méncrét, diare
便秘	sembelit
吐き気（がする）	merasa mual（mau muntah）
嘔吐	muntah
風邪をひく	masuk angin
酔い	mabuk
車酔い	mabuk kendaraan
船酔い	mabuk kapal
喉（が痛い）	sakit tenggorokan
熱（がある）	demam, panas
震える	menggigil
寒気（がする）	merasa kedinginan
咳（がでる）	ada batuk
かゆい	gatal
腫れる	bengkak
出血する	berdarah, perdarahan
化膿する、うみ	bernanah, nanah
動悸がする	berdebar-debar
息苦しい	sesak nafas

30 自然、気候

自然	alam
海	laut
山	gunung
火山	gunung berapi
川、河	sungai, kali
湖	danau
森	hutan
砂漠	padang pasir
太陽	matahari
星	bintang
月	bulan
空	langit
雲	awan
気候	iklim
乾季	musim kering
雨季	musim hujan
天気予報	ramalan cuaca
晴れ	cerah
くもり	mendung
雨	hujan
雷	petir, halilintar
台風	angin topan
地震	gempa bumi

31 よく使う形容詞 Track-94

暑い	panas
寒い	dingin
熱い	panas
冷たい	dingin
大きい	besar
小さい	kecil
遠い	jauh
近い	dekat
太っている	gemuk
やせている	kurus
長い	panjang
短い	péndék
高い〔値〕	(harga) mahal
安い〔値〕	murah
高い〔背〕	(badan) tinggi
低い〔背〕	péndék
新鮮な	segar
腐った	busuk
安全な	aman
危ない、危険な	berbahaya
同じ	sama
違った、異なった	tidak sama, berbéda
金持ちの	kaya
貧しい、貧乏な	miskin
幸運な	beruntung

不幸な	tidak beruntung, sial
深い	dalam
浅い	dangkal
重い	berat
軽い	ringan
多い	banyak
少ない	sedikit
広い	luas, lébar
狭い	sempit
難しい	sulit / susah
易しい、簡単な	mudah
若い	muda
年を取った	tua, berumur
いっぱいの	penuh
空の	kosong
良い	bagus / baik
悪い	jahat, jelék
古い	tua, kuno
新しい	baru
正常な	normal
異常な	tidak normal
うれしい	gembira, senang
悲しい	sedih
おもしろい	menarik
つまらない、退屈な	tidak menarik
速い	cepat
遅い	lambat
早い	cepat, lekas
遅れる	terlambat

おいしい	énak / sedap / lezat
まずい	tidak énak
好き	suka
嫌い	tidak suka, benci
上手な	pandai, mahir
下手な	tidak pandai, tidak mahir
正しい	benar
間違った、誤った	salah
静かな	sunyi, sepi, tenang
にぎやかな	ramai
硬い	keras
柔らかい	empuk, lembut
まっすぐな	lurus
曲がった	béngkok, bélok
海外の、外国の	luar negeri
国内の	dalam negeri
忙しい	sibuk
暇な	tidak sibuk, ada waktu luang
清潔な、綺麗な	bersih
不潔、汚い	kotor
明るい	terang
暗い	gelap
優しい	baik hati
厳しい	keras
便利な	mudah
不便な	tidak mudah
丁寧な	sopan
失礼な	tidak sopan

242

乾いた	kering
濡れた	basah
強い	kuat
弱い	lemah
健康な	séhat
病気の	sakit
ぜいたくな	méwah
質素な	sederhana, hémat
楽しい	menyenangkan
残念な	kecéwa, disesali, sayang
幸せな	bahagia
おかしい	lucu
自由な	bébas
恥ずかしい	malu
有名な	terkenal
うるさい、騒がしい	ribut, bising, berisik
重要な、大切な、大事な	yang penting
バカな	bodoh
優秀な	terbaik, unggul, pandai
くだらない	tidak penting, tidak berguna
かわいい、かわいらしい	manis, sayang
まじめな、真剣な	sungguh-sungguh, serius

32 よく使う動詞

ある、いる	ada
する、やる	melakukan, mengerjakan
寝る	tidur
起きる	bangun
会う、出会う	bertemu, ketemu, berjumpa, jumpa
座る	duduk
立つ	berdiri
待つ	tunggu, menunggu
歩く	jalan
走る	lari
見送る	antar, mengantar
迎える	menjemput
飲む	minum
食べる	makan
料理をする	masak, memasak
味わう	mencicipi, merasai
使う	pakai, memakai
作る	membuat
電話をする	télépon, menélépon
電話を受ける	menerima télépon
洗う	cuci, mencuci
手を洗う	cuci (mencuci) tangan
化粧をする	bersolék
着替える	ganti pakaian / baju

服を着る	pakai（memakai）baju, berpakaian
服を脱ぐ	buka（membuka）baju
降りる	turun
登る	mendaki
上がる	naik
下がる	turun
与える、あげる	memberi
もらう	terima, menerima
借りる	pinjam, meminjam
貸す	kasih pinjam, meminjamkan
行く	pergi
来る	datang
見る	lihat, melihat
覚える、思い出す	ingat, mengingat
忘れる	lupa, melupakan
わかる、理解する	mengerti, paham, memahami
教える	mengajarkan, mengajari
話す	bicara, berbicara
言う	bilang, berkata
帰る	pulang
開く	buka, terbuka
開ける	buka, membuka
閉まる	tutup, tertutup
閉める	tutup, menutup
聞く、質問する	tanya, bertanya
答える	jawab, menjawab

持っている	punya, mempunyai
持って来る	membawa
休む	libur, berlibur, istirahat, beristirahat
くつろぐ	bersantai, riléks
休み/休暇をとる	berlibur, ambil cuti
働く，仕事をする	kerja, bekerja
住む	tinggal
泊まる	menginap
読む	baca, membaca
書く	tulis, menulis
勉強をする、習う	belajar, mempelajari
手紙を書く	tulis（menulis）surat
始める	memulai
終わる	selesai
増える、増す	bertambah
増やす	menambah, menambahkan
減る	berkurang
減らす	mengurangkan, mengurangi
入る	masuk
出る	keluar
呼ぶ	panggil, memanggil
買う	beli, membeli
売る	jual, menjual
買い物をする	belanja, berbelanja
払う	bayar, membayar
捨てる	membuang
拾う	memungut

踊る	menari
歌う	menyanyi
楽しむ	menikmati
退屈する	merasa bosan
運転をする	menyetir, mengemudi
疲れる	capék, lelah
泣く	menangis
笑う	ketawa, tertawa
ほほえむ	senyum, tersenyum
怒る	marah
探す、捜す	mencari
見つける	menemukan
追う	kejar, mengejar
逃げる	melarikan diri
配る	mendistribusi, membagi-kan
分ける	membagi, memisahkan
確かめる	memastikan
認める	mengakui, menyetujui
変わる	berubah
決める	memutuskan
選ぶ	memilih
助ける、救う	menolong, menyelamatkan
許す	memboléhkan, memaafkan, mengizinkan
禁じる	melarang
断る	menolak
受け入れる、承諾する	menerima, menyetujui

著者

欧米・アジア語学センター

1994 年設立。40 ヶ国語以上のネイティブ講師を擁し、語学教育を展開。独自のメソッドによる「使える外国語」の短期修得プログラムを提供している。その他に企業向け外国語講師派遣、通訳派遣、翻訳、留学相談、通信教育、オンラインレッスン。
https://www.fij.tokyo/

主な著書：『たったの 72 パターンでこんなに話せるインドネシア語会話』『たったの 72 パターンでこんなに話せるタイ語会話』『たったの 72 パターンでこんなに話せるベトナム語会話』『新版はじめてのベトナム語』『はじめてのマレーシア語』『はじめてのフィリピン語』（以上、明日香出版社）他多数。

執筆

Maulani Tan（丹マウラニ）

1962 年、インドネシア生まれ。バンドン工科大学数学科卒業後、インドネシア国営飛行機製造会社勤務。早稲田大学理工学部機械工学科産業数学修士課程修了。1993 年よりインドネシア語講師、通訳・翻訳家として活躍。

新版　はじめてのインドネシア語

2024 年 5 月 27 日　初版発行

著者	欧米・アジア語学センター
発行者	石野栄一

発行　　明日香出版社
〒 112-0005 東京都文京区水道 2-11-5
電話 03-5395-7650
https://www.asuka-g.co.jp

カバーデザイン	清原一隆（KIYO DESIGN）
カバーイラスト	本田亮
本文イラスト	安東章子
印刷・製本	三松堂株式会社